WhatsApp
Einsteigen - Nutzen - Umziehen

Verlag:
BILDNER Verlag GmbH
Bahnhofstraße 8
94032 Passau

http://www.bildner-verlag.de
info@bildner-verlag.de

Tel.: +49 851-6700
Fax: +49 851-6624

ISBN: 978-3-8328-0161-8

Covergestaltung: Josefine Schnellhammer
Autorin: Anja Schmid

Herausgeber: Christian Bildner

Bildnachweis: Cover © roberto.ballini - Fotolia.com

Vorwort

Mit WhatsApp tauschen Sie Nachrichten, Fotos oder Videos schnell und weitestgehend kostenlos aus. WhatsApp Versionen sind für Android Smartphones, iPhones und Windows Phones erhältlich. Zwischen all diesen Geräten können Nachrichten problemlos über WhatsApp ausgetauscht werden.

Bedienung und Funktionen von WhatsApp sind auf allen Geräten ähnlich. Dennoch bestehen Unterschiede und es ist möglich, dass eine Funktion für das iPhone bereits zur Verfügung gestellt wurde, während Android-Nutzer noch darauf warten müssen.

Für wen ist dieses Buch geeignet?
Hier erhalten Einsteiger und Nutzer Hilfe und Tipps rund um WhatsApp. Das vorliegende Buch wurde für Android-Smartphones konzipiert. Welches Android-Smartphone, z. B. von Samsung, HTC, Motorola, LG oder Sony Sie verwenden ist zum Verständnis dieses Buchs nicht wichtig.

WhatsApp selbst sieht in der aktuellen Version auf allen Geräten überwiegend gleich aus. Kleine Unterschiede bestehen beim Aussehen und der Funktionsweise der Bildschirmtastatur, der Menütaste, beim Einfügen von Fotos aus der Galerie oder bei der Frage, wo WhatsApp Inhalte (zugesandte Fotos, Videos etc.) bzw. ein Backup speichert.

Der größte Teil der im Buch enthaltenen Bilder wurde auf einem Samsung Galaxy S6 mit Android 5.1.1 (Lollipop) erstellt.

Neben dem Smartphone ist auch die WhatsApp-Version interessant. Die aktuelle Version von WhatsApp kann bis jetzt auf allen Android-Smartphones ab Android-Version 2.1 oder höher verwendet werden. Ab 2017 wird Android 2.1 und 2.2 nicht mehr unterstützt.

Über dieses Buch

Befehle und Bezeichnungen von Schaltflächen sind zur besseren Unterscheidung farbig und kursiv hervorgehoben, zum Beispiel *Einstellungen* ▶ *Profil*.

Im Text finden Sie Nummerierungen ❶. Diese beziehen sich in der Regel auf die darunter aufgeführten Bilder. Auf Ausnahmen wird im Text hingewiesen.

Sowohl Ihr Smartphone als auch WhatsApp verfügen über *Einstellungen*. Dabei handelt es sich um zwei völlig unterschiedliche Bereiche:

■ Die *Einstellungen* Ihres Smartphones ❶ rufen Sie über die App *Einstellungen* auf. Hier verbinden Sie Ihr Smartphone mit dem WLAN, erhalten Informationen zur Datennutzung, vereinbaren Einstellungen zur Tastatur und vieles mehr.

■ Die *Einstellungen* von WhatsApp ❷ öffnen Sie in WhatsApp über das Menü. Hier legen Sie Ihr Profilbild fest, erstellen ein Backup für WhatsApp oder entscheiden, welchen Benachrichtigungston Sie verwenden möchten.

 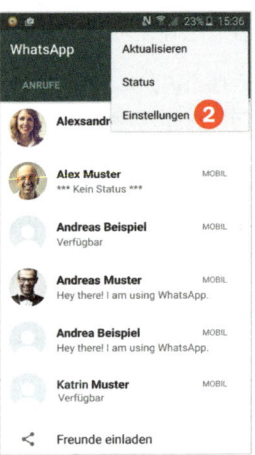

■ Die Einstellungen des Smartphones werden je nach Smartphone-Typ mit einem anderen Symbol dargestellt. Gebräuchlich sind das Zahnrad und das oben abgebildete Symbol mit drei Linien.

■ Naturgemäß werden in diesem Buch die WhatsApp Einstellungen behandelt. Für die wenigen Fällen, die die Einstellungen Ihres Smartphones zum Thema haben, erscheint, um Verwechslungen vorzubeugen, nebenstehendes Symbol.

Am Ende dieser Einführung noch ein kleiner Tipp: Versuchen Sie, wenn möglich, beim Ausprobieren und später auch bei der alltäglichen Nutzung von WhatsApp Ihr Smartphone mit einem WLAN zu verbinden. Das schont das Datenvolumen Ihres Mobilfunkvertrags.

Inhalt

01

Kapitel

WhatsApp installieren

WhatsApp wird aus dem Play Store heruntergeladen und kann mit allen Geräten verwendet werden, die über eine SIM-Karte verfügen. Grund hierfür ist, dass WhatsApp für die Einrichtung eine valide Telefonnummer benötigt. Somit ist die Verwendung von WhatsApp mit Ihrem Smartphone problemlos; für ein Tablet ohne SIM-Karte oder den Computer (mit Ausnahme der Anzeige von WhatsApp im Browser) ist eine Installation nicht vorgesehen. Außerdem kann WhatsApp mit derselben Telefonnummer nur an einem Gerät betrieben werden.

> Falls Sie WhatsApp schon auf einem anderen Smartphone verwendet haben und Ihre Daten auch auf dem neuen Smartphone zur Verfügung stehen sollen, folgen Sie nicht dieser Anleitung sondern lesen Sie zunächst Kapitel 5 - Sichern und umziehen.

1 Um das Datenvolumen Ihres Mobilfunkvertrags zu schonen, stellen Sie vor der Installation eine WLAN-Verbindung her. Außerdem muss Ihr Smartphone SMS empfangen können.

2 Öffnen Sie den Play Store und geben Sie oben in das Suchfeld *WhatsApp* ❶ ein. In der Regel erhalten Sie schon nach den ersten Buchstaben das Suchangebot *WhatsApp Messenger*. Tippen Sie dieses an ❷.

3 Das WhatsApp Angebot wird aufgerufen. Tippen Sie hier auf *Installieren* ❶ und im nächsten Fenster auf *Akzeptieren* ❷. Damit erlauben Sie WhatsApp den Zugriff auf verschiedene Bereiche Ihres Smartphones. Klicken Sie dann auf *Öffnen* ❸.

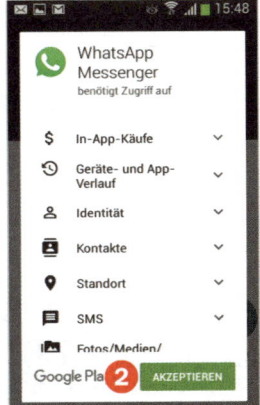

4 Im nächsten Schritt müssen Sie die Allgemeinen Geschäftsbedingungen akzeptieren. Um diese zu lesen, tippen Sie auf *WhatsApp Nutzungsbedingungen...* ❶. Sie erhalten eine Auswahl an verfügbaren Browsern. Tippen Sie einen Browser an und wählen Sie dann unter Umständen *Nur einmal* ❷. Streichen Sie vertikal über das Display, um durch den Text zu blättern. Verwenden Sie dann die Zurück-Taste ↰ Ihres Smartphones, um wieder zu WhatsApp zurückzukehren und tippen Sie auf *Zustimmen und Fortfahren* ❸.

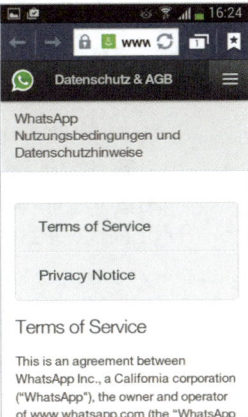

5 Verifizieren Sie im nächsten Schritt Ihre Nummer. Tippen Sie in das Feld Ihre Nummer ein. Beachten Sie:

- Der Landescode, in unserem Beispiel +49, wird automatisch vorangestellt. Sollten Sie einen anderen Landescode verwenden, tippen Sie auf *Deutschland* und wählen ein anderes Land aus.

- Stellen Sie Ihrer Handy-Vorwahl keine Null voran. Diese wird hier nicht benötigt.

- Falls Sie sich vertippen, erhalten Sie Berichtigungsvorschläge von WhatsApp. Diese können durch Antippen übernommen werden.

Tippen Sie dann auf den grün hinterlegten Pfeil.

An Ihr Smartphone wird nun eine SMS versendet. Dadurch verifiziert WhatsApp die Telefonnummer, d.h. dass die angegebenen Nummer existiert und zu diesem Smartphone gehört. In der Regel läuft dieser Vorgang automatisch ab. Falls dieser Vorgang nicht abgeschlossen werden kann, erhalten Sie die Möglichkeit zur Korrektur der Telefonnummer.

6   Im Anschluss daran sucht WhatsApp nach einem Backup - also Inhalten, die Sie von Ihrem alten Smartphone auf Ihr neues übertragen haben (dazu mehr in Kapitel 5).

7   Zuletzt geben Sie einen Namen ein, der Ihren WhatsApp Kontakten angezeigt wird und falls Sie möchten ein Profilbild ❶. Diese Informationen können auch später bearbeitet werden. Tippen Sie dann auf *Weiter* ❷ rechts oben und nochmals auf *Weiter* ❸.

02
Kapitel

Informationen austauschen

2.1 WhatsApp Oberfläche

WhatsApp ist in drei Bereiche gegliedert: *ANRUFE*, *CHATS* und *KONTAKTE*. Sie wechseln zwischen den Bereichen durch Antippen des Bereichsnamens oder indem Sie horizontal über den Bildschirm streichen.

- *CHATS* ❶ wird standardmäßig beim Öffnen von WhatsApp angezeigt. Hier sind alle Personen bzw. Gruppen aufgeführt, mit denen Sie bereits Nachrichten, Fotos oder Videos ausgetauscht haben. Deshalb ist dieser Bereich beim ersten Verwenden von WhatsApp noch leer.

- Der Bereich *KONTAKTE* ❷ wird automatisch gefüllt. Dabei greift WhatsApp auf die Anwendung *Kontakte* – also auf Ihr Adressbuch – zu und überprüft, ob die Telefonnummern Ihrer Freunde, Kollegen etc. bei WhatsApp gespeichert sind, diese also WhatsApp verwenden. Die entsprechenden Kontakte werden dann mit Namen angezeigt und sind nach Vornamen alphabetisch sortiert. Wahrscheinlich haben Sie mehr Kontakte als auf eine Seite Ihres Smartphone-Displays passen. Um weitere Kontakte anzuzeigen, wischen Sie mit dem Finger vertikal von unten nach oben über das Display.

- Bei *ANRUFE* ❸ erhalten Sie eine Liste der Personen, mit denen Sie über WhatsApp telefoniert haben.

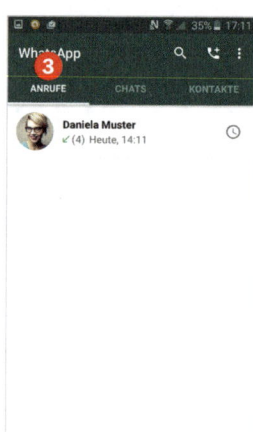

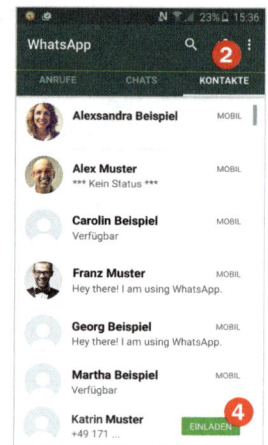

Hinter einigen Kontakten finden Sie vielleicht die Schaltfläche *Einladen* ❹ (siehe vorherige Seite). Diese Freunde nutzen
WhatsApp nicht.

Anzeige des Menüs von WhatsApp

Das Menü von WhatsApp wird nicht an jedem Smartphone gleich
aufgerufen. In der Regel wird das Menü ❶, dargestellt durch drei
Punkte ⋮, rechts oben im WhatsApp-Fenster angezeigt und durch
Antippen geöffnet ❷.

Manche Smartphone-Modelle verfügen über eine Taste, die zusätz-
lich das Menü aufrufen kann. Hier können Sie entscheiden, was Sie
lieber verwenden. Andere Smartphones rufen das Menü ausschließ-
lich über eine Taste auf. Diese kann sich als physische Taste oder
als Bildschirmtaste im unteren Bereich Ihres Smartphones befinden.
Dann fehlt in WhatsApp das Menüsymbol rechts oben. Das Menü ❸
selbst wird dann auch unten angezeigt.

In diesem Buch ist das Menü durch dieses Symbol ⋮ gekennzeichnet.

2.2 Nachrichten austauschen

Eine Unterhaltung beginnen

■ Beim ersten Chat (= getippte Unterhaltung, die durch Bilder oder Videos ergänzt werden kann) mit einem Freund muss dieser im Bereich *KONTAKTE* ❶ durch Antippen ausgewählt werden.

■ Geben Sie über die Tastatur eine Nachricht ein oder tippen Sie auf ☺ ❷, um ein Emoji (Smileys und andere Grafiken) einzufügen. Über das Pfeilsymbol ◉ versenden Sie die Nachricht ❸.

■ Ab jetzt wird diese Person ebenfalls im Bereich *CHATS* angezeigt und Unterhaltungen können auch hier weitergeführt werden.

■ Wenn Sie im Chat einen Kontakt durch Antippen ausgewählt haben, um eine Nachricht zu versenden, dann tippen Sie zur Anzeige der Tastatur in das Nachrichtenfeld ❹.

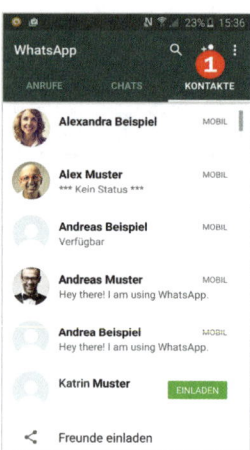  

Achtung! Um mit Freunden via WhatsApp zu chatten, muss deren Telefonnummer im korrekten Format in der Anwendung Kontakte (Adressbuch) hinterlegt sein, z. B. +491700000000. Sonst werden Sie im Bereich *KONTAKTE* nicht angezeigt.

Die Bildschirmtastatur genauer betrachtet

Das Tastaturlayout ist abhängig von der Smartphone-Marke; unter Umständen treffen nicht alle Informationen auf Ihre Tastatur zu.

Taste	Beschreibung
Großbuchstaben	Wenn Sie unmittelbar nach Anzeige der Tastatur einen Buchstaben eingeben, wird dieser groß geschrieben; Sie erkennen das am blauen Pfeil der Großschreibtaste. Ist die Taste nicht aktiv, ist der Pfeil grau eingefärbt.
	Einmaliges Antippen der Taste aktiviert die Großschreibung. Der darauffolgende Buchstabe wird groß geschrieben, danach wird die Großschreibung automatisch deaktiviert.
	Zweimaliges Antippen sorgt dafür, dass dauerhaft große Buchstaben geschrieben werden. Nochmaliges Antippen „entsperrt" die Taste wieder.
Symbole	Tippen Sie auf die *Sym*-Taste, um % @ ? und viele weitere Zeichen zu erhalten. Über die *1/2*-Taste stehen noch mehr Zeichen zur Verfügung.
	Tippen Sie auf die *2/2*-Taste, um zu den vorherigen Zeichen zurückzukehren bzw. auf die *ABC*-Taste, um wieder die Buchstaben anzuzeigen.
Leertaste	Tippen Sie auf die Leertaste, um ein Leerzeichen einzufügen.
Eingabe-Taste	Mit Hilfe dieser Taste wechseln Sie in eine neue Zeile. WhatsApp kann so eingestellt sein, dass durch Antippen der Eingabe-Taste die Nachricht versendet wird.
Symbol-Taste	Wenn Sie kurz auf diese Taste tippen, fügen Sie einen Punkt ein. Durch langes Tippen kann auf die wichtigsten Zeichen (@ ? +) zugegriffen werden.
Löschen	Tippen Sie zum Löschen einzelner Buchstaben kurz auf das Symbol; um einen längeren Textabschnitt zu löschen, bleiben Sie auf der Taste.
	Sofern ein Wort automatisch korrigiert wurde, kann mit der Löschen-Taste die Autokorrektur rückgängig gemacht werden.
	Die Tasten links bzw. rechts der Leertaste weisen an vielen Tastaturen unterschiedliche Funktionen auf, z. B. Auswahl von Emojis, Zugriff auf Eingabeoptionen oder Mikrofon zum Diktieren der Nachricht.

Übersicht möglicher Tasten auf Ihrem Smartphone

1 Spracheingabe: Mit der Spracheingabe von Google diktieren Sie eine Nachricht. Sprechen Sie einfach die gewünschten Wörter in das Mikrofon und sie werden in die Eingabezeile übernommen.

2 Zwischenablage: Mit dieser Taste greifen Sie auf die Zwischenablage Ihres Smartphones zu, um zuvor kopierte Elemente (z.B. Bilder oder Textabschnitte) in Ihre Nachricht einzufügen.

3 Emojis: Auch hier können viele kleine Grafiken ausgewählt werden, wie auch mit der Taste im Nachrichtenfeld.

4 Kleine Tastatur: Durch das Auswählen dieser Taste können Sie zwischen der aktuellen und einer verkleinerten Tastatur hin und her schalten.

5 Einstellungen: Durch Antippen des Zahnrads wechseln Sie in die Einstellungen Ihres Smartphones zum Bereich *Tastatur*. Hier legen Sie beispielsweise die Eingabesprache oder Texterkennung etc. fest.

Durch längeres Antippen der Taste 🎤 kann an manchen Bildschirmtastaturen auch der Bereich *Eingabeoptionen* zur Auswahl der *Eingabesprache* oder der *Tastatureinstellungen* angezeigt werden.

Langes Antippen von ☺ ermöglicht an anderen Bildschirmtastaturen den Zugriff auf verschiedene Funktionen bzw. häufig benötigte Zeichen. Die zuletzt gewählte Funktion verbleibt auf der Taste, weswegen sich ihre Darstellung ändert.

Texterkennung verwenden

Sofern die Texterkennung eingeschaltet ist, erhalten Sie bei der Eingabe von Nachrichten in WhatsApp Wortvorschläge, die Sie durch Antippen übernehmen können. Wie raffiniert die Texterkennung arbeitet, hängt nicht von WhatsApp ab, sondern von Ihrem Smartphone und der verwendeten Android-Version.

Wechseln Sie zu den *Tastatureinstellungen* Ihres Smartphones: Öffnen Sie *Einstellungen* ▸ *Sprache und Eingabe*. Wählen Sie dort die Tastatur, z. B. *Android-Tastatur* oder *Samsung-Tastatur* etc. Hier aktivieren Sie ggf. die *Texterkennung* ❶. Diese kann an Ihrem Smartphone auch anders bezeichnet sein und ist z. B. unter *Textkorrektur - Änderungsvorschläge* zu finden.

■ Worte, die die automatische Texterkennung oberhalb der Tastatur vorschlägt, können durch Antippen des Wortes ❷ übernommen werden.

■ Wenn die Funktion *Automatisch ersetzen* ❸ aktiv ist, wird durch Tippen der Leertaste das wahrscheinlichste Wort übernommen. Dieses ist in der Übersicht hellblau ❹ hervorgehoben.

■ Sollen nur die getippten Buchstaben ohne jede weitere Ergänzung übernommen werden, dann tippen Sie auf das Häkchen ❺. Andere Tastaturen bieten anstelle des Häkchens die bisher getippten Buchstaben zur Auswahl an.

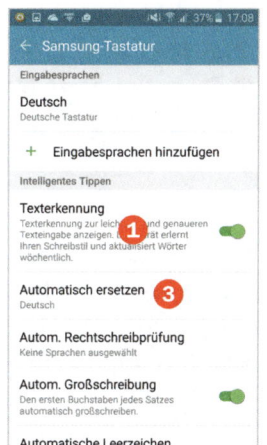
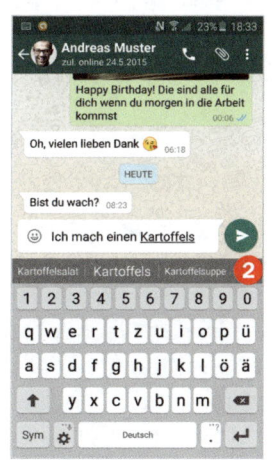

Emojis einfügen

- Tippen Sie auf ☺ ❶, um ein Emoji einzufügen.

- Beachten Sie, dass Ihnen zur Auswahl eines Emojis mehrere Kategorien zur Verfügung stehen. Der erste Bereich 🕐 ❷ enthält die zuletzt verwendeten Grafiken. Dann folgen Smileys, Tiere und Pflanzen etc.

- Mit ⌫ ❸ am Ende der Leiste löschen Sie das Emoji wieder.

- Einige Emojis, z. B. Hände und Gesichter, können in verschiedenen Farben verwendet werden. Drücken Sie etwas länger auf das Emoji, um die Farbvarianten anzuzeigen ❹. Emojis, die in verschiedenen Färbungen vorliegen, sind am rechten unteren Rand durch ein Dreieck gekennzeichnet.

- Durch Antippen der Tastatur ❺ im Eingabefeld zeigen Sie wieder die Bildschirmtastatur an.

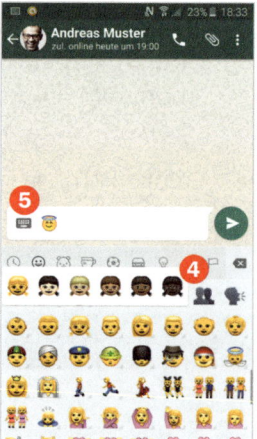

Tipp! Verwenden Sie die Spracheingabe

Bitten Sie Google zum Diktat und ersparen Sie sich lästiges Tippen. Tippen Sie auf die Spracheingabe-Taste 🎤 auf der Tastatur. Alles, was Sie jetzt sagen, wird in das Nachrichtenfeld geschrieben. Sie können auch Satzzeichen wie „Punkt" oder „Fragezeichen" etc. diktieren. Zu beachten ist dabei, dass Sie das Satzzeichen zügig mit dem Satz diktieren. Wenn Sie eine Pause zwischen Satz und Satzzeichen machen, wird das Satzzeichen ausgeschrieben.

Die Spracheingabe mit Google funktioniert via Internet. Sie müssen also mit einem WLAN oder mit dem Datennetz Ihres Mobilfunkanbieter verbunden sein.

■ Nachdem Sie auf die Spracheingabe-Taste getippt haben, können Sie sofort mit dem Diktat loslegen. Nach und nach wird der diktierte Text im Nachrichtenfeld angezeigt.

■ Um zu Pausieren klicken Sie auf das Mikrofon ❶. Das Mikrofon ist jetzt andersfarbig hinterlegt. Zum Diktieren tippen Sie erneut auf das Mikrofon ❷, um es zu aktivieren.

■ Zum Löschen einzelner Worte verwenden Sie ⌫. Wenn ein Wort falsch verstanden wurde, sollten Sie zunächst versuchen, das Wort durch das richtige zu ersetzen. Dazu tippen Sie das Wort an. Sie erhalten eine Liste mit Wortvorschlägen. Sollte das Richtige dabei sein, wählen Sie es durch Antippen ❸ aus.

■ Zur Anzeige der Tastatur tippen Sie auf das *x*.

Achtung: Verwechseln Sie die Spracheingabe-Taste auf der Tastatur nicht mit der Aufnahmetaste für Sprachnachrichten, die sich neben dem Texteingabefeld befindet.

Nachrichten erhalten

In der Standardeinstellung ertönt bei Eingang einer WhatsApp-Nachricht der Benachrichtigungston. Die Nachricht erscheint auf dem Sperrbildschirm ❶ und in der Benachrichtigungsleiste ❷ (Bereich, der vom oberen Rand des Smartphone-Bildschirms nach unten gezogen wird, um dessen Inhalt anzuzeigen).

Die Anzahl der neuen Nachrichten wird neben dem App-Symbol angezeigt. Nach Öffnen von WhatsApp sehen Sie im Bereich *CHATS* (unter Umständen auch im Bereich *ANRUFE*), wie viele Nachrichten (Anrufe) eingegangen sind ❸. Durch Antippen öffnen Sie die entsprechende Nachricht.

Der Bereich *CHATS* ist sozusagen nach dem Änderungsdatum sortiert, d.h. die Unterhaltung in der Sie zuletzt eine Nachricht, ein Foto, ein Video etc. versendet bzw. erhalten haben, wird oben angezeigt. So ändert sich die Reihenfolge ständig. Um einen älteren Chat anzuzeigen, wischen Sie vertikal von unten nach oben über das Display.

Selbstverständlich kann jeder Ihnen eine Nachricht schicken, der Ihre Telefonnummer kennt. Bei Nachrichten von Personen, die nicht in Ihrem Adressbuch gespeichert sind, stehen am Ende des Chats die Optionen *Blockieren* (dazu mehr in Kapitel 4) und *Zu Kontakten hinzufügen* zur Verfügung.

2.3 Fotos, Videos, Musik und PDFs austauschen

Medien versenden

Neben Nachrichten können via WhatsApp auch Fotos, Videos oder Audiodateien versendet werden. Zeigen Sie den WhatsApp Kontakt an, tippen Sie dann auf das Büroklammersymbol ⏚ rechts oben und wählen Sie das gewünschte Element:

Foto oder Video aufnehmen und versenden

Tippen Sie auf *Kamera* ❶ und wählen Sie dann *Foto aufnehmen* bzw. *Video aufnehmen*. Verwenden Sie 🔄 zum Wechsel zwischen hinterer und vorderer (für Selfies) Kamera.

Mit 📷 knipsen Sie ein Foto, mit 📹 nehmen Sie ein Video auf. Zum Beenden der Videoaufnahme tippen Sie auf ⏹. Fotos und Videos bestätigen Sie mit *Ok* ❷ oder Sie tippen auf *Wiederholen*, um einen neuen Versuch zu starten. Es kann noch eine Beschriftung ❸ hinzugefügt werden. Verschicken Sie das Foto/Video mit *Senden* ❹.

> Alternativ erhalten Sie im Nachrichtenfenster durch Antippen von 📷 ❺ ebenfalls die Möglichkeit, ein Foto zu knipsen und zu versenden.

Fotos oder Videos aus der Galerie versenden

Bereits abgespeicherte Fotos oder Videos fügen Sie durch Antippen von *Galerie* hinzu. In der Galerie entscheiden Sie sich für *Fotos* ❶ oder *Videos* ❷. Hier finden Sie auch jeweils einen Ordner *WhatsApp Images* ❸ bzw. *WhatsApp Video*. In diesen Ordnern befinden sich alle Fotos und Videos, die Sie über WhatsApp ausgetauscht haben.

Öffnen Sie den gewünschten Ordner durch Antippen und wählen Sie ein Foto bzw. Video aus. Mehrere Bilder/ Videos wählen Sie aus, indem Sie beim Antippen auf dem ersten Element etwas länger verweilen ❹. Tippen Sie dann auf *Ok* rechts oben.

Es können bis zu 10 Bilder bzw. Videos gemeinsam verschickt werden. Dabei wird die Dateigröße des Bildes reduziert.

Musik und gesprochene Nachrichten verschicken

Tippen Sie rechts oben auf 🔗 und wählen Sie *Audio* aus,

- um Musik oder andere Sounddateien auf Ihrem Smartphone auszuwählen (*Sound-Auswahl* bzw. *Musiktrack auswählen* ❶)

- oder nehmen Sie eine Sprachnachricht auf. Dazu tippen Sie auf *Aufnahme mit WhatsApp* ❷ und dann auf *Aufnehmen*. Sprechen Sie Ihre Nachricht und tippen Sie dann auf *Stoppen* und *Senden*.

■ Letztere Möglichkeit erhalten Sie auch mit der Aufnahmetaste rechts neben dem Nachrichtenfeld ❸. Zum Aufnehmen halten Sie die Taste 🎤 gedrückt und sprechen Ihre Nachricht. Sobald Sie die Taste 🎤 loslassen, wird die Nachricht sofort versendet. Eine so aufgenommene Nachricht ist mit dem Profilbild versehen ❹. Falls Sie während des Sprechens entscheiden, die Sprachnachricht nicht zu versenden, halten Sie die Taste weiterhin gedrückt und wischen nach links ❺.

Dokumente versenden

Um ein PDF zu versenden, wählen Sie 📎 und *Dokumente* aus. Tippen Sie das PDF an, welches Sie versenden möchten und bestätigen Sie die Abfrage durch Antippen von *Senden*. Die Datei wird nun hochgeladen. Beim Versenden von umfangreichen Dokumenten ist es ratsam, das Smartphone mit einem WLAN zu verbinden.

Medien erhalten

Fotos, Videos, Musik und PDFs, die Sie via WhatsApp erhalten, werden im Chat-Fenster angezeigt. Zum Betrachten der Bilder ist das Chat-Fenster meist ausreichend. Durch Antippen des Fotos wird dieses gesondert dargestellt. Videos und Audio-Dateien werden durch Antippen abgespielt und das PDF wird geöffnet.

Audio und Video abspielen, PDF anzeigen

■ Die Audio-Datei wird direkt im Chat-Fenster durch Anklicken von ▶ abgespielt und mit ▌▌ angehalten.

■ Das Video wird durch Antippen ❶ in einem neuen Fenster abgespielt. Nach Betrachten eines Videos kehren Sie über das Pfeilsymbol links oben ❷ wieder zum Chat zurück.

■ Beim ersten Anzeigen eines PDFs oder Videos muss unter Umständen eine App ausgewählt werden, mit der das PDF/Video angezeigt werden soll. In unserem Beispiel wählen wir für die Anzeige von Videos den Video-Player ❸ und für PDFs den Adobe Acrobat ❹. Durch Antippen von Immer erfolgt die Abfrage in Zukunft nicht mehr.

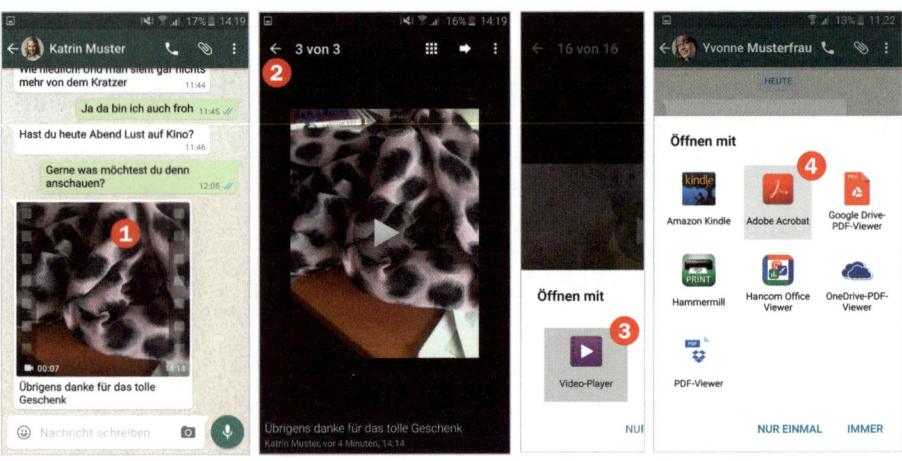

Je nach Einstellungen (siehe Seite 80) und der aktuellen Verbindungsart mit dem Internet ist es möglch, dass Sie den Download der übersandten Dateien zunächst durch Antippen ❶ (Bild unten) starten müssen.

Welche Medien habe ich mit diesem Freund ausgetauscht?

Vielleicht suchen Sie ein Foto, Video oder PDF, das Sie von einem Freund erhalten haben. Anstatt jetzt Ordner zu durchsuchen oder den gesamten Chat-Verlauf durchzublättern, gehen Sie so vor: Zeigen Sie den Kontakt an, öffnen Sie das *Menü* ⋮ und wählen *Medien*. Hier stehen Ihnen 3 Bereiche zur Verfügung - *Medien*, *Dokumente* und *Links* (zu Links später mehr). Wechseln Sie zwischen den Bereichen durch Wischen oder Antippen. Bei *Medien* sehen Sie alle Fotos, Videos und Audiodateien, die Sie von der Person erhalten oder an diesen Freund versendet haben. In Dokumente finden Sie alle PDFs. Den Bereich verlassen Sie wieder über das Pfeilsymbol links oben ❷.

Wo sind die Daten gespeichert

Alle Bilder-, Video- oder Audiodateien, die an Sie geschickt wurden, finden Sie auch in den entsprechenden Ordnern, z. B. *Galerie*, *Fotos*, *Videos* etc. oder PDFs im Ordner *Dokumente*. Sie zeigen die Ordner über *Eigene Dateien* 📁 bzw. im *Dateimanager* an. Sie können auch zum WhatsApp Ordner auf Ihrem Gerät navigieren. Hier finden Sie alle ver- und übersandten Medien sortiert in Ordnern ❸.

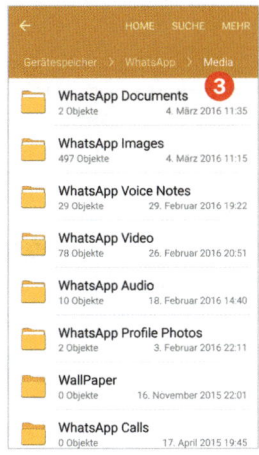

2.4 Adresse oder Telefonnummer versenden

Kontaktdaten versenden

Sie möchten gerne eine Telefonnummer oder die Adresse eines Freunds schnell an einen anderen übermitteln? So geht's

- Zeigen Sie den Chat der Person an, an die Sie eine Telefonnummer etc. übermitteln möchten, tippen Sie auf das Büroklammersymbol 🖇 rechts oben und wählen *Kontakt* ❶ aus.

- Die App *Kontakte* 👤, also Ihr Adressbuch, wird angezeigt. Wählen Sie den gewünschten Kontakt aus. Sie können entscheiden, ob Sie alle Informationen, die Sie zu diesem Kontakt gespeichert haben, versenden oder nur einen Teil; deaktivieren Sie in diesem Fall die Auswahl durch Antippen der entsprechenden Häkchen ❷.

- Tippen Sie unten rechts auf *Senden* ❸. Der Kontaktname ggf. mit Foto wird im Chat-Fenster angezeigt ❹.

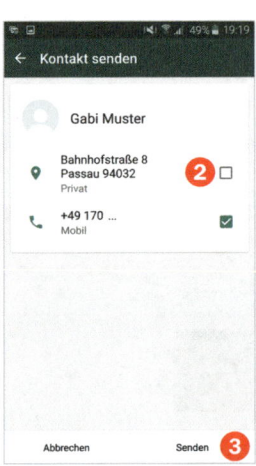

Kontaktdaten erhalten

Zugesandte Kontakte werden direkt im Chat-Fenster mit dem Namen des Kontakts angezeigt. Kontaktinformationen werden, bedingt durch die Art der übersandten Informationen, unterschiedlich dargestellt.

■ Tippen Sie auf den Kontakt ❶, um diesen zu öffnen. Mit *Zu Kontakten hinzufügen* ❷ speichern Sie ihn in Ihrem Adressbuch.

■ In der Regel enthält bereits die Kontaktinformation den Befehl *Kontakt hinzufügen* ❸. Tippen Sie diesen an und entscheiden Sie, ob die Kontaktinformationen zu einem bestehenden Kontakt hinzugefügt (*Vorhanden*) oder ein neuer (*Neu*) erstellt werden soll ❹. Danach werden die Informationen in der App *Kontakte* angezeigt und können wie gewohnt gespeichert werden.

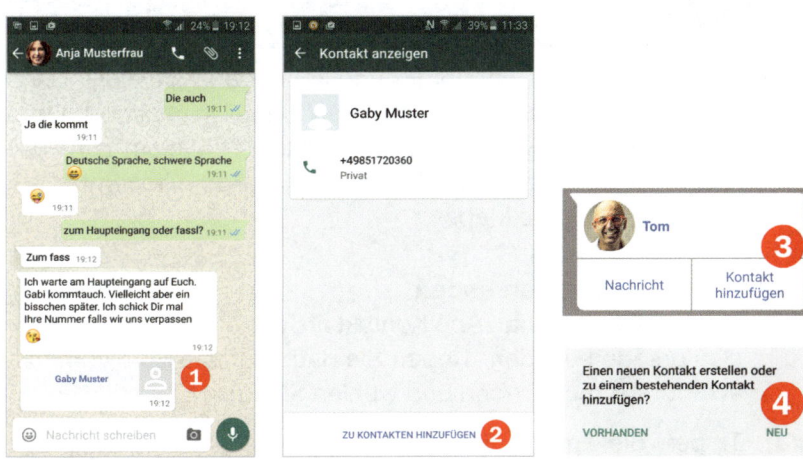

Sofern mit dem Kontakt ein Bild weitergeleitet wurde, handelt es sich um ein Foto, das im Adressbuch des Versenders hinterlegt wurde, nicht um das Profilbild.

WhatsApp aktualisieren

Wenn Sie einen neuen Kontakt Ihrem Ad-
ressbuch (App *Kontakte* 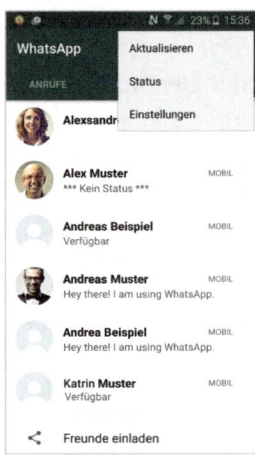) hinzugefügt haben, muss dieser nicht sofort in WhatsApp
im Bereich *KONTAKTE* zur Verfügung stehen. Zeigen Sie in diesem Fall in WhatsApp
den Bereich *KONTAKTE* an. Tippen Sie auf
das Menü ⋮ rechts oben und wählen *Aktualisieren* aus.

2.5 Wo bin ich? Standortinformationen austauschen

Sie sitzen in einem Cafe und Ihr Freund kennt den Weg nicht. Dann
schicken Sie via WhatsApp einfach Ihren aktuellen Standort. Dazu
muss GPS (GPS - Global Positioning System – System zur Posi-
tionsbestimmung) eingeschaltet sein. WhatsApp verwendet zur
Standortanzeige Google Maps.

Standortinformation versenden

■ Zeigen Sie den WhatsApp Kontakt an, der erfahren soll, wo Sie
   sich gerade befinden. Tippen Sie dann auf das Büroklammersymbol 📎 rechts oben und wählen *Standort* ❶ aus.

■ Tippen Sie anschließend auf *Aktuellen Standort senden* ❷.
   Falls Sie in einem Cafe, Restaurant, Geschäft etc. sind, ist es
   möglich, dass diese für den aktuellen Standort angezeigt werden ❸, sofern die einzelnen Unternehmen den eigenen Standort bei Google Maps hinterlegt haben. Dann tippen Sie auf
   diesen Eintrag.

■ Falls Sie Ihren Standort doch nicht versenden möchten, kehren Sie zum Chat zurück, indem Sie oben links auf den weißen
   Pfeil ❹ tippen.

Es versteht sich von selbst, dass GPS aktiviert sein muss. Falls das nicht der Fall ist, erhalten Sie in der Regel eine Meldung. In unserem Beispiel wird durch Anklicken von *Ok* ❺ der Bereich *Einstellungen* ▸ *Datenschutz & Sicherheit* ▸ *Standort* angezeigt. Hier kann GPS aktiviert werden.

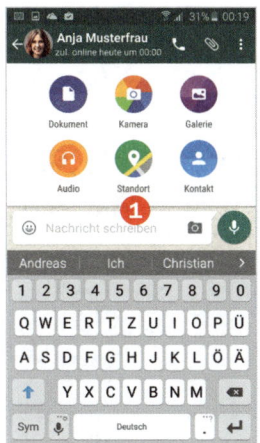
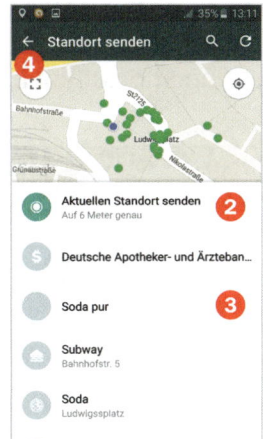

Zum übersandten Treffpunkt navigieren

Wenn Sie eine Standortinformation erhalten, tippen Sie diese an. Damit zeigen Sie den Standort in Google Maps an. Um eine Wegbeschreibung anzuzeigen, tippen Sie auf 🔷 bzw. 🚶.

2.6 Kopierte Links versenden

Wenn Sie die Adresse einer interessanten Webseite einem Freund übermitteln möchten, zeigen Sie die Seite im Browser Ihres Smartphones an, tippen etwas länger auf die Adresse in der Adresszeile bis die Bearbeitungsleiste angezeigt wird. Wählen Sie dann *Kopieren* ❶ und wechseln zu WhatsApp. Hier tippen Sie etwas länger in die Nachrichtenzeile und tippen dann auf *Einfügen* ❷ und versenden den Link ❸.

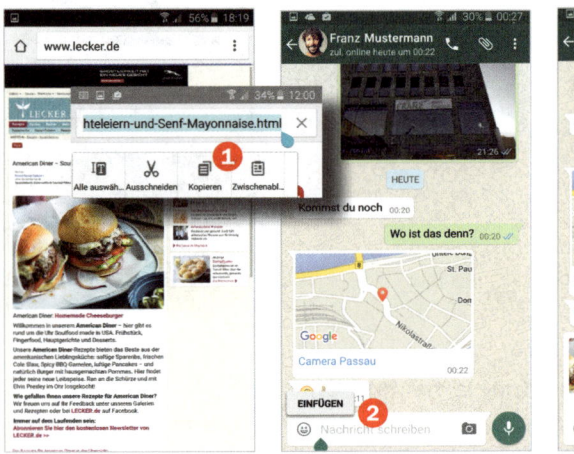 

Alle Links, die Sie mit einem Freund oder innerhalb eines Gruppenchats (siehe Kapitel 3.1) ausgetauscht haben, stehen übersichtlich in einer Liste zur Verfügung.

■ In einem Chat mit einem Freund tippen Sie auf das *Menü* ⁝ oben rechts und wählen *Medien* ❶ aus.

■ In einem Gruppenchat wählen Sie Menü ⁝ und *Gruppenmedien*.

In beiden Fällen werden zunächst die ausgtauschten Medien ❷ angezeigt. Wischen Sie nach links oder wählen Sie oben *LINKS* ❸ aus, um eine Liste aller ausgetauschten Weblinks anzuzeigen. Durch Antippen des Links öffnen Sie den Browser und zeigen die Webseite an.

2.7 Freunde anrufen

Mit WhatsApp Call rufen Sie Freunde an. Dabei wird nicht das Minutenkontingent des Mobilfunkvertrags genutzt, sondern eine Verbindung via Internet hergestellt, also das Datenvolumen verwendet. Wenn Sie mit Ihrem Mobilfunkvertrag sowieso kostenlos in alle deutschen Netze telefonieren, dann benötigen Sie WhatsApp Call nicht für Gespräche mit Ihren deutschen Freunden.

Anrufe bei Personen, die im Ausland wohnen, können teuer werden, da eine Flatrate in der Regel keine Gespräche ins Ausland abdeckt. Hier ist die Verwendung von WhatsApp sinnvoll. Das gilt natürlich nur, wenn keiner der Teilnehmer roamt, d.h. ein fremdes Mobilfunknetz verwendet. Gespräche im Ausland, z. B. im Urlaub, sollten über WhatsApp nur geführt werden, wenn Sie Zugang zu einem WLAN (z. B. im Hotel) haben.

Außerdem gilt immer: Sofern Ihr Mobilfunkvertrag nur ein schmales Datenvolumen (z. B. 200 MB) zur Verfügung stellt, ist es sinnvoll, Anrufe dann zu tätigen, wenn das Smartphone via WLAN mit dem Internet verbunden ist, da schon ein einminütiges Telefonat über WhatsApp Ihr Datenvolumen um ca. 500 KB mindert.

Freunde anrufen

- Zeigen Sie den Kontakt in WhatsApp an und tippen Sie rechts oben auf das Telefonsymbol 📞 ❶.

- Sobald die Verbindung zum Angerufenen hergestellt wurde, erscheint der Hinweis *Anruf verbunden* ❷ und die aktuelle Verbindungszeit ❸ wird angezeigt.

- Auch ein WhatsApp Anruf kann über die entsprechenden Schaltflächen Stumm geschaltet ❹ werden bzw. kann die Unterhaltung für Umstehende hörbar via Lautsprecher ❺ vollzogen werden.

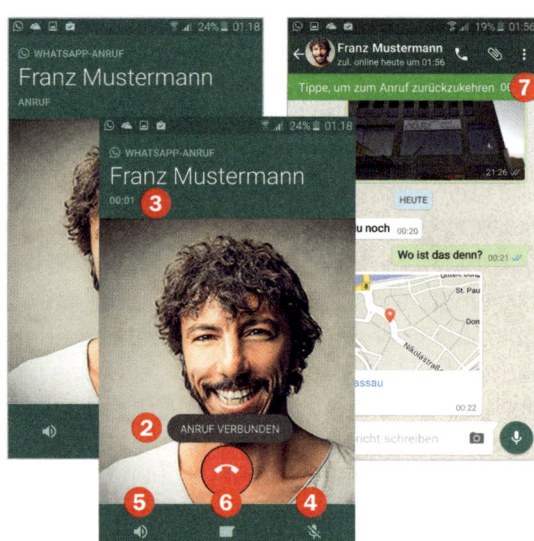

- Auch während eines Gesprächs kann durch Antippen von *Chat* ❻ (siehe Bilder oben) eine zusätzliche Nachricht oder ein Foto versendet werden. Durch Antippen von ❼ kehren Sie wieder zum Anruf zurück.

Einen Anruf annehmen

■ Einen Anruf nehmen Sie an, indem Sie auf das grüne Telefon ❶ tippen und zur Mitte wischen bzw. weisen ihn ab durch wischen des roten Telefons ❷ zur Mitte.

■ Wenn Sie einen Anruf momentan nicht entgegennehmen können, tippen Sie auf das Chat-Symbol ❸ und wählen einen der angebotenen Texte aus. Dadurch wird der Anruf abgelehnt und gleichzeitig die ausgewählte Nachricht versendet.

■ Im Bereich *Anrufe* ❹ erhalten Sie eine Anrufliste. Anrufe, die Sie getätigt haben, sind mit einem grünen Pfeil ❺ gekennzeichnet. Anrufe, die Sie erhalten haben, sind mit einem roten Pfeil ❻ versehen. Über das Telefonsymbol daneben können Sie einen Freund gleich zurückrufen.

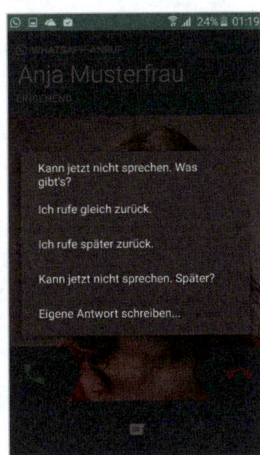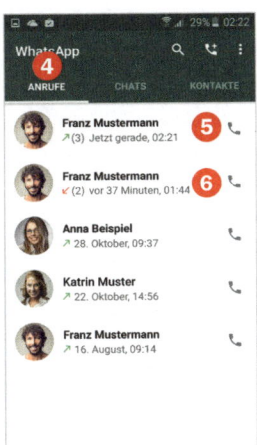

■ Für genauere Informationen zu den einzelnen Anrufen tippen Sie einen Teilnehmer in der Anrufliste an. Die *Anruf-Info* ❶ (siehe nächste Seite) wird angezeigt. Hier sehen Sie die Anrufdauer und das verbrauchte Datenvolumen des Anrufs.

■ In der Anruf-Info können Sie einen Kontakt auch blockieren. Tippen Sie auf das Menü ⋮ und wählen Sie *Blockieren* aus. Mehr zur Blockierung erfahren Sie in Kapitel 4.

- Die Liste können Sie von Zeit zu Zeit löschen. Dazu öffnen Sie das Menü **⋮** und wählen *Anrufliste leeren* ❷ aus.

- Wer bei einem Anruf ohne WLAN-Verbindung sein Datenvolumen schonen möchte, ruft über das Menü **⋮** *Einstellungen* ▶ *Data usage* auf und setzt durch Antippen des Kästchens ein Häkchen bei *Reduziere Datenverbrauch* ❸. Die Einsparung geht natürlich zu Lasten der Sprachqualität. Im Bild auf der nächsten Seite wurde der erste Anruf ohne ❹ der zweite mit Reduzierung ❺ getätigt. Die Sprachqualität war in diesem Versuch trotz Reduzierung gut.

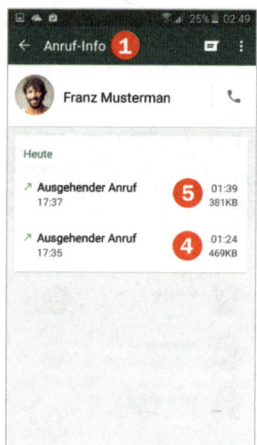
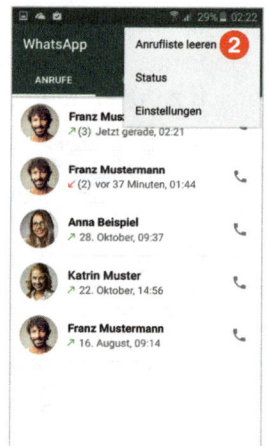

03

Kapitel

Praktische
Funktionen

3.1 Mit mehreren Personen gleichzeitig chatten

WhatsApp bietet die Möglichkeit, Kontakte zu einer Gruppe zusammenzufassen. Das ist praktisch, z. B. zur Koordination von Fahrgemeinschaften, um zu entscheiden, wer was zu einer Grillparty mitbringt oder zum Informationsaustausch mit Kollegen in einem „Arbeitschat". Mit einem Gruppenchat erhalten alle Teilnehmer schnell alle Nachrichten und antworten automatisch auch allen.

Gruppenchat erstellen

1 Zeigen Sie den Bereich *CHATS* an. Tippen Sie auf das Menü ⋮ rechts oben und wählen Sie *Neue Gruppe* ❶ aus. Das Menü kann unter Umständen an Ihrem Smartphone auch über eine Taste auf dem Bildschirm aufgerufen werden.

2 Geben Sie einen Betreff für die Gruppe ein. Dieser darf 25 Zeichen lang sein. Tippen Sie ggf. auf das Bildsymbol ❷, um ein Bild auszuwählen (*Galerie*) oder ein Foto zu knipsen (*Kamera*). Tippen Sie dann auf *Weiter* ❸.

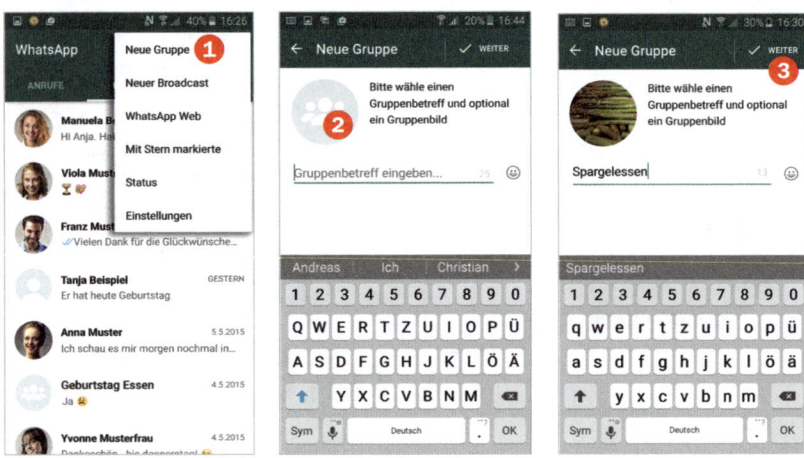

3 Im nächsten Schritt fügen Sie der Gruppe Teilnehmer hinzu. Tippen Sie auf das +Symbol ❹. Ihre WhatsApp Kontakte werden angezeigt.

4 Tippen Sie das Kontrollkästchen hinter jedem Kontakt an, den Sie zu Ihrer Gruppe hinzufügen möchten ❺ und bestätigen Sie die Auswahl mit *Fertig* ❻.

5 Kontrollieren Sie nochmals die Mitgliederliste. Durch Antippen von *x* ❼ entfernen Sie Teilnehmer wieder. Tippen Sie dann auf *Erstellen*.

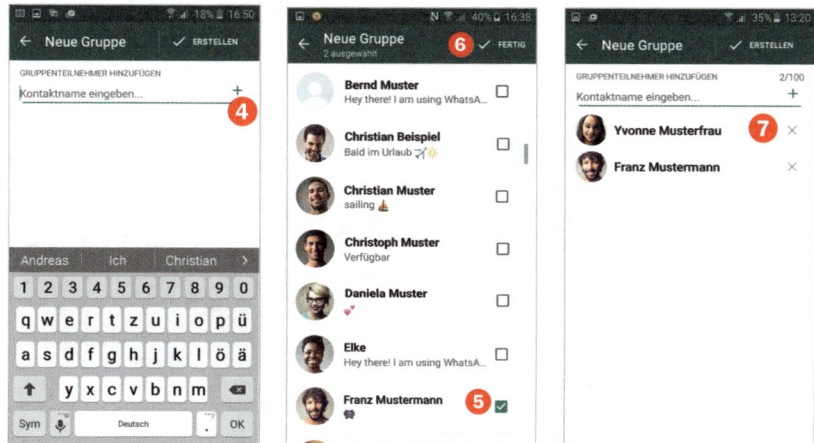

Die Gruppe wird jetzt im Bereich *CHATS* angezeigt. Tippen Sie den Gruppenchat an und geben Sie im Nachrichtenfeld den ersten Text des Chats ein.

Für die eingeladenen Teilnehmer wird der Gruppenchat automatisch im Bereich *CHATS* angezeigt. Nachrichten und andere Medien können wie gewohnt ausgetauscht werden.

> Achtung: Telefonnummern von Gruppenmitgliedern, die nicht im Adressbuch (App Kontakte) des jeweiligen Teilnehmers hinterlegt sind, werden im Gruppenchat angezeigt. Durch einen Gruppenchat geben Sie also unter Umständen Telefonnummern Ihrer Freunde an andere weiter.

Das kann natürlich auch gewollt sein. So können die Gruppenmitglieder die Telefonnummer der fehlenden Kontakte in Ihrem Adressbuch ergänzen:

■ Zeigen Sie den Gruppenchat an und tippen Sie oben in der Bearbeitungsleiste auf den Bereich ❶, der den Chatnamen und die Teilnehmer enthält. Dadurch wird die Gruppeninfo angezeigt.

■ Tippen Sie auf den Teilnehmer ❷, dessen Nummer Sie hinzufügen möchten und wählen Sie

   ■ *Zu Kontakten hinzufügen* ❸, um ein neues Kontaktformular aufzurufen, in das die fehlenden Informationen übernommen bzw. eingetragen werden können.

   ■ *Zu Kontakt hinzufügen* ❹, um die Nummer bei einem bestehenden Kontakt zu ergänzen.

  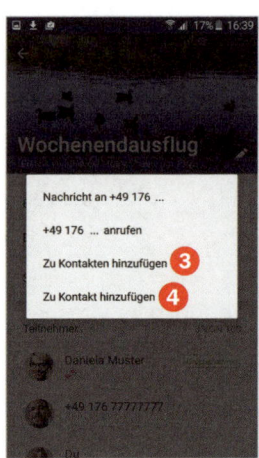

Ob und welches Bild für einen nicht gespeicherten Gruppenteilnehmer angezeigt wird, ist abhängig von den WhatsApp-Einstellungen dieser Person. Überträgt er sein Profilbild an *Alle*, dann sehen auch Sie es. Wird das Profilbild nur seinen gespeicherten Kontakten angezeigt, ist es trotzdem möglich, dass Sie hier ein Foto sehen. Dann wird ein Foto übermittelt, welches der Ersteller des Gruppenchats für diesen Kontakt in seinem Adressbuch gespeichert hatte.

Änderungen am Gruppenchat vornehmen

Nur der Gruppenadministrator kann weitere Mitglieder hinzufügen oder Personen aus dem Chat entfernen. Der Ersteller des Gruppenchats ist automatisch der Gruppenadministrator ❶. Er kann weitere Mitglieder zu Administratoren machen.

Person hinzufügen

Zum Hinzufügen eines weiteren Mitglieds zu einer bestehenden Gruppe, gehen Sie so vor:

■ Zeigen Sie den Gruppenchat an und tippen oben auf den grünen Bereich ❷ oder öffnen Sie das Menü ⋮ rechts oben und wählen *Gruppeninfo* aus.

■ Tippen Sie dann rechts oben auf 👤➕ ❸ oder unten auf *Teilnehmer hinzufügen* ❸.

■ Ihre Kontakte werden angezeigt. Wählen Sie einen Kontakt aus und bestätigen Sie die Abfrage mit *Ok* ❹.

 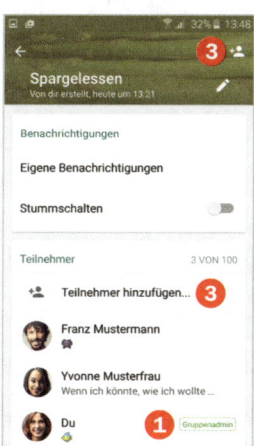 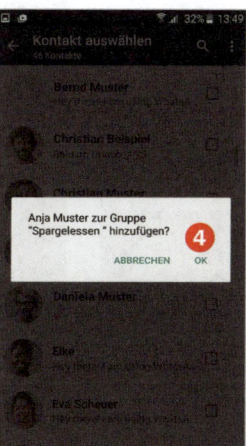

> Der neue Teilnehmer sieht nicht die Nachrichten, die vor seinem Beitritt versendet wurden.

Person entfernen

Zum Entfernen einer Person aus der Gruppe zeigen Sie die Gruppeninfo an und tippen auf den gewünschten Kontakt. Im nächsten Schritt wählen Sie *XY entfernen* ❶ aus. Jede Person kann natürlich immer sich selbst eigenständig aus dem Chat entfernen. Dazu erfahren Sie gleich mehr.

Betreff und Gruppenbild ändern

Diese folgenden Veränderungen können auch von Nicht-Gruppenadministratoren vorgenommen werden.

- Zum Ändern des Betreffs tippen Sie oben auf die Gruppeninfo und dann auf [✏], ändern den Text ❷ und bestätigen die Änderung mit *Ok*.

- Zum Ändern des Bilds zeigen Sie wiederum die Gruppeninfo an, tippen dann auf das Bild und auf [✏] ❸.

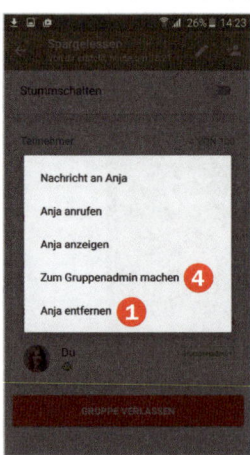

Weitere Gruppenadministratoren benennen

Um einen Teilnehmer der Gruppe mit Administrationsrechten zu versehen, zeigen Sie den Chat an und öffnen den Bereich *Gruppeninfo*. Tippen Sie das Gruppenmitglied, welches Administrator werden soll, an und wählen Sie *Zum Gruppenadmin machen* ❹ (siehe Bild oben links). Jetzt hat die Gruppe zwei Administratoren, die beide Personen hinzufügen und entfernen können.

Als Teilnehmer einen Gruppenchat verlassen

Wie schon gezeigt, kann der Gruppenadministrator Kontakte aus dem Chat entfernen. Selbstverständlich entscheidet jeder Teilnehmer für sich, ob er Teil dieses Chats bleiben möchte. In der Regel kann man eine Gruppe getrost verlassen und diese aus dem *CHAT*-Bereich löschen, wenn das Ereignis, z. B. der Wochenendausflug oder das Spargelessen, vorüber ist. So verhindern Sie „Gruppenleichen":

■ Öffnen Sie den Gruppenchat und zeigen Sie die *Gruppeninfo* an.

■ Tippen Sie auf *Gruppe verlassen* ❶. Die Gruppe wird zwar im Chat noch angezeigt, allerdings können jetzt selbstverständlich keine Nachrichten mehr gelesen oder hinzugefügt werden. Im Gruppenchat wird über Ihren Austritt informiert *XY hat die Gruppe verlassen*.

   Falls der Gruppenadministrator einen Chat verlässt, erhält ein anderes Gruppenmitglied Administrationsrechte (Teilnehmer, der in der Teilnehmerliste ganz oben steht).

■ Tippen Sie dann auf *Gruppe löschen* ❷, um diese auch aus Ihrer Übersicht zu entfernen. Falls Fotos oder Videos innerhalb des gelöschten Chats ausgetauscht wurden, so sind diese auch weiterhin auf Ihrem Smartphone gespeichert.

3.2   Eine Nachricht an viele senden - Broadcast

Mit einem Broadcast wird eine Nachricht an mehrere Kontakte über-mittelt. Im Gegensatz zum Gruppenchat ist es für die angeschrie-benen Teilnehmer nicht ersichtlich, dass Sie gemeinsam kontaktiert wurden. So werden auch nicht die Telefonnummern der Angeschrie-benen an andere übermittelt. Ein Broadcast kann an maximal 256 Kontakte versendet werden. Die Antworten der einzelnen Teilneh-mer können ebenfalls nicht von allen gelesen werden, sondern rich-ten sich nur an den Ersteller des Broadcasts.

Broadcast versenden und empfangen

Broadcast erstellen und verschicken

- Zeigen Sie den Bereich *CHATS* in WhatsApp an und öffnen Sie das Menü ⦂. Wählen Sie *Neuer Broadcast*.

- Tippen Sie auf das Plus-Symbol ❶ und dann auf jeden Kon-takt ❷, der die Nachricht erhalten soll. Schließen Sie die Aus-wahl durch Antippen von *Fertig* ❸ ab.

- Kontrollieren Sie die Auswahl. Durch Antippen des *X* ❹ kön-nen Teilnehmer aus der Liste auch wieder gelöscht werden. Zum Fertigstellen der Liste verwenden Sie *Erstellen*.

- Jetzt können Sie, wie gewohnt, eine Nachricht oder ein Foto etc. gleichzeitig an alle Teilnehmer Ihres Broadcasts ❻ ver-schicken.

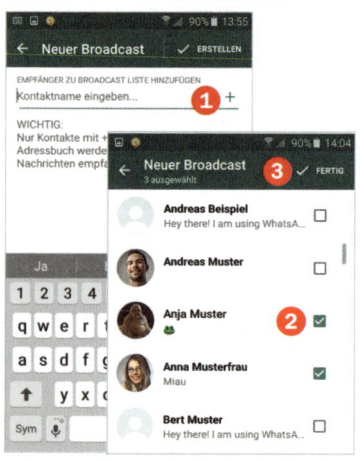

> Achtung! Dieser kleine Hinweis wird leicht übersehen (❼ Bild vorherige Seite). Personen, denen Sie einen Broadcast senden, müssen Ihre Handynummer im Adressbuch (App Kontakte) gespeichert haben. Hat der Broadcastempfänger Ihre Handynummer nicht gespeichert, erhält er auch den Broadcast nicht.

Empfänger eines Broadcasts sein

Für die angeschriebenen Teilnehmer erscheint die Nachricht unter dem Namen des Absenders im Chat ❶ (In unserem Beispiel ist die Absenderin des Broadcasts Anja Musterfrau). Der Empfänger eines Broadcasts sieht nicht, dass er Teil eines Broadcasts ist.

Antworten auf den Broadcast erhalten

Antworten der Empfänger eines Broadcasts werden einzeln im jeweiligen Chat, den Sie mit dieser Person führen ❷ angezeigt. Die Broadcast-Liste ❸, die nur beim Absender des Broadcast angezeigt wird, enthält die ursprüngliche Nachricht und die Namen der Empfänger. Der Absender eines Broadcasts erkennt im Einzelchat, dass Nachrichten, Fotos etc. als Broadcast versendet wurden an diesem Zeichen 📢 ❹. Bei den Empfängern der Nachricht wird das Zeichen nicht angezeigt.

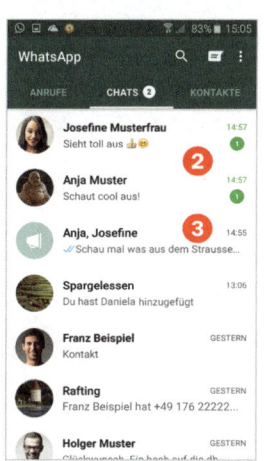

Ansicht des Empfängers eines Broadcasts

Ansicht des Absenders eines Broadcasts mit Antworten der Empfänger

Broadcast verwalten

Viele Bearbeitungsmöglichkeiten des Broadcasts sind Ihnen schon aus den Gruppenchats geläufig. Um Änderungen vorzunehmen, zeigen Sie die Broadcast-Liste an und tippen oben auf die Bearbeitungsleiste ❶. Dadurch wird die Broadcast-Listen-Info angezeigt. Hier sehen Sie auch, welche Personen Empfänger des Broadcasts sind.

- ■ Broadcast löschen: Tippen Sie auf *Broadcast-Liste löschen* ❷.

- ■ Broadcast-Liste benennen: Tippen Sie auf ❸, um einen Namen einzutragen.

- ■ Weitere Personen hinzufügen: Tippen Sie auf *Empfänger hinzufügen* ❹.

- ■ Personen aus der Liste löschen: Tippen Sie den gewünschten Empfänger an ❺ und wählen Sie *XY von der Broadcast-Liste entfernen*.

Wenn Sie wissen möchten, welche Medien Sie via Broadcast versendet haben, zeigen Sie die Broadcast-Liste an, öffnen das Menü ⋮ und wählen *Medien der Broadcast-Liste* ❻.

3.3 Wichtige Chatinhalte zusammenstellen

Ab WhatsApp Version 2.12.357 ist es möglich, Chatinhalte zu selektieren, z. B. einen wichtigen Termin oder Treffpunkt, eine Telefonnummer, die Sie nicht im Adressbuch speichern möchten oder ein Foto, welches Sie später weiterleiten möchten. Alle selektierten Elemente werden mit einem Stern versehen und einer Liste hinzugefügt. Diese Übersicht kann wichtige Informationen verschiedener Chats oder Gruppenchats gemeinsam anzeigen.

Chatinhalte selektieren

- Markieren Sie die Nachricht, das Foto, die Sprachnachricht etc. durch längeres Antippen ❶.

- Die Bearbeitungsleiste wird angezeigt. Tippen Sie auf den Stern ❷, um den Inhalt der Übersicht hinzuzufügen.

- Das Element erhält einen Stern als Kennzeichnung ❸.

Selektierte Elemente anzeigen

- Zeigen Sie den Bereich *CHATS* an. Über Menü ⋮ ▸ *Mit Stern markierte* öffnen Sie eine Liste aller selektierten Elemente ❶.

- Chat anzeigen, zu dem das Element gehört: Tippen Sie den einzelnen Eintrag an. Achten Sie darauf, nicht direkt auf das Bild oder die Sprachnachricht zu tippen, sondern rechts neben den Eintrag. Dadurch wird das Element im Einzelchat angezeigt. Mit der Zurück-Taste zeigen Sie wieder die Übersicht an.

- Eintrag aus der Übersicht entfernen: Markieren Sie das Element durch längeres Antippen. Die Bearbeitungsleiste wird angezeigt. Tippen Sie auf ✮ ❷.

- Alle Einträge aus der Übersicht entfernen: Zeigen Sie die Liste aller selektierten Elemente an, öffnen Sie das Menü und wählen Sie *Alle Sterne entfernen* ❸ aus. Tippen Sie dann auf *Kein Stern*.

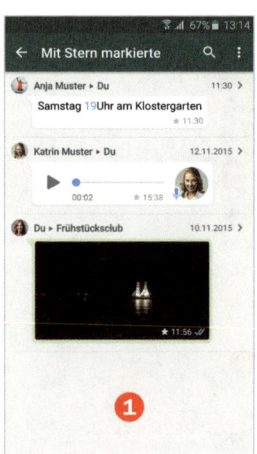 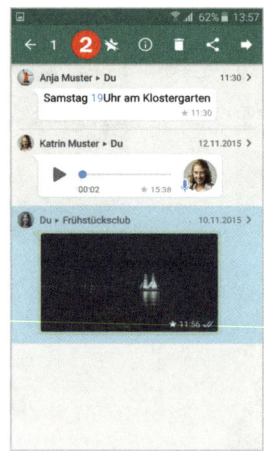 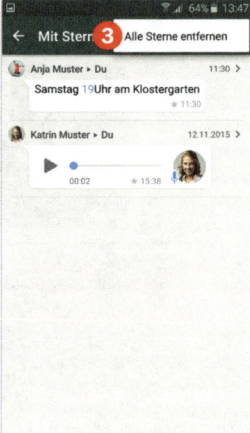

3.4 WhatsApp im Browser verwenden

Ihre Nachrichten können Sie auch im Browser Ihres Computers lesen und versenden. Dazu müssen Browser und Smartphone gekoppelt werden und das Smartphone muss über eine aktive Verbindung zum Internet verfügen.

WhatsApp mit Browser verbinden und trennen

1 Öffnen Sie WhatsApp auf Ihrem Smartphone und zeigen Sie den Bereich *Chats* an. Öffnen Sie das Menü ⁝ und wählen Sie *WhatsApp Web*.

2 Öffnen Sie an Ihrem Computer / Laptop einen Browser und navigieren Sie zu *https://web.whatsapp.com* ❶. Falls der verwendete Browser nicht unterstützt wird, erhalten Sie Vorschläge für besser geeignete Browser (siehe Bild rechts).

3 Tippen Sie auf Ihrem Smartphone auf *Ok, verstanden* ❷ und scannen Sie den QR-Code auf Ihrem Computerbildschirm.

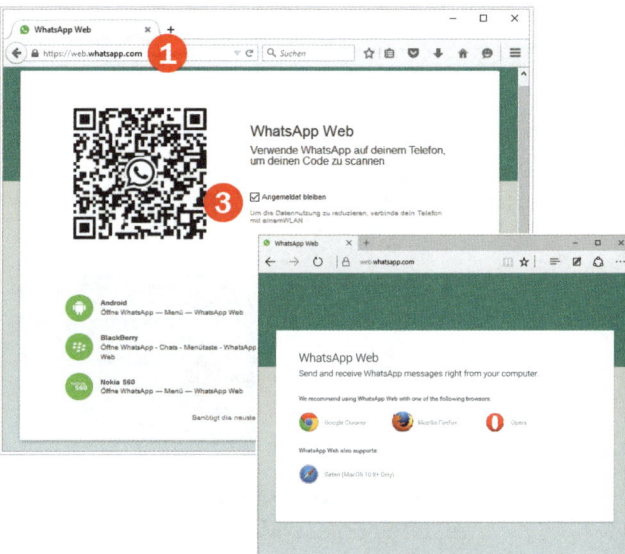

Sobald Smartphone und Browser verbunden wurden, wechselt die Anzeige im Browserfenster am Computer. Die Chat-Daten werden synchronisiert und Ihre Chats werden nun im Browserfenster angezeigt.

Standardmäßig ist die Option *Angemeldet bleiben* ❸ (siehe Bild auf der vorherigen Seite) aktiviert, d.h. wenn Sie das nächste Mal die Adresse *https://web.whatsapp.com* in Ihren Browser eintippen, werden Sie automatisch verbunden, ohne Scannen des QR-Codes. Wenn Sie das nicht wünschen, weil Sie z. B. an einem fremden Computer sitzen, dann deaktivieren Sie die Funktion durch Anklicken des Häkchens.

■ Natürlich können Sie sich auch jederzeit nachträglich abmelden: Tippen Sie im Browser auf Menü ⋮ und wählen Sie *Abmelden* ❶ aus.

■ Falls Sie auch das übersehen haben, ist es immer noch möglich, die Verbindung über das Smartphone zu trennen: Zeigen Sie WhatsApp am Smartphone an. Öffnen Sie das Menü ⋮ und wählen *WhatsApp Web* aus. Hier tippen Sie auf *Von allen Computern abmelden* ❷.

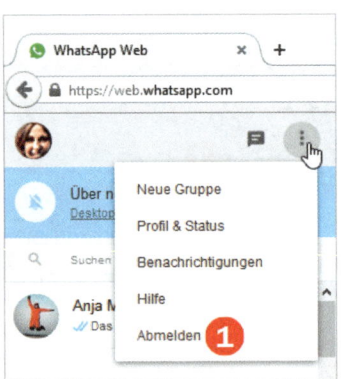

Falls die Verbindung zwischen Smartphone und Browser abreißt, erscheint diese Meldung ❸. Bis zur Lösung des Problems erhalten Sie keine Nachrichten und können auch keine versenden. Ein Grund ist häufig der Bildschirm-Timeout Ihres Smartphones, also das Ausschalten des Displays, um Energie zu sparen.

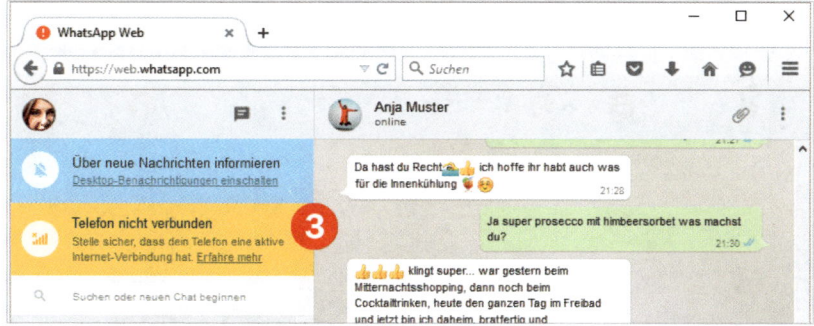

Bedienung im Browser

1 Zur Auswahl eines Chats klicken Sie diesen auf der linken Seite an und tippen im unteren Bereich Ihre Nachricht ein. Mit der Enter-Taste versenden Sie die Nachricht. Links vom Nachrichtenfeld finden Sie auch die Schaltfläche zum Einfügen von Emojis (siehe Bild nächste Seite).

2 Um ein Bild zu versenden, welches auf Ihrem Computer gespeichert ist, klicken Sie die Büroklammer an und wählen die erste Option aus.

3 Zum Versenden einer Sprachnachricht klicken Sie das Mikrofon an. Um diese Funktion zu verwenden, muss der Computer selbstverständlich über ein Mikrofon verfügen.

4 Über das Chat-Symbol 🗩 wählen Sie einen Kontakt aus und beginnen einen neuen Chat oder zeigen einen bereits vorhandenen an.

5 Um eine neue Gruppe zu erstellen, klicken Sie auf das Menü ⋮ und wählen *Neue Gruppe* aus.

Wenn Sie eine Nachricht erhalten und der geöffnete Browser gerade nicht am Bildschirm angezeigt wird, ertönt ein Signalton. Wen der Ton stört, kann über das Menü ⋮ ▶ *Benachrichtigungen* durch Anklicken des Häkchens vor *Töne* das Signal abschalten.

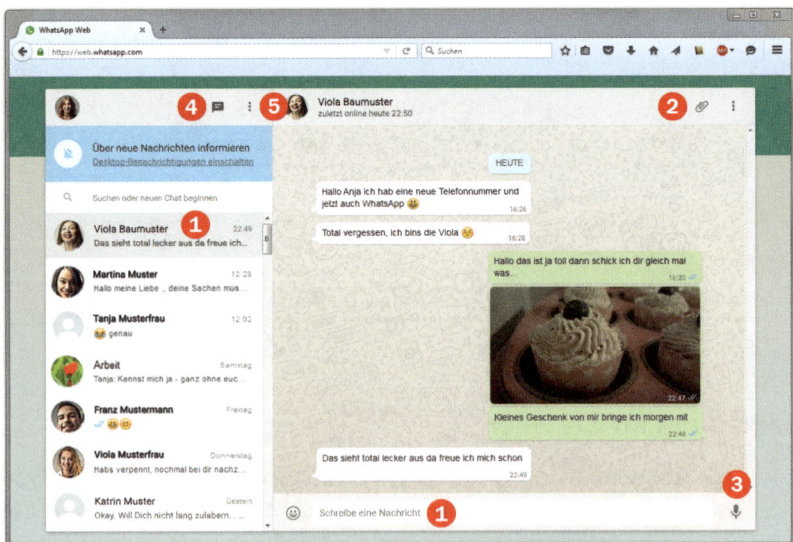

Weitere Befehle zum Arbeiten mit Nachrichten und anderen Medien erhalten Sie, indem Sie auf das Foto, die Nachricht etc. mit der Maus zeigen. Rechts oben wird ein Pfeil eingeblendet, der weitere Optionen durch Anklicken zur Verfügung stellt.

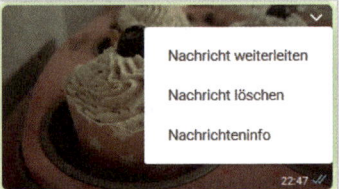

04

Kapitel

WhatsApp
verwalten

4.1   Informationen zu Chats und Empfänger

Wann war der Freund zuletzt online?

Sobald Sie einen Kontakt in WhatsApp anzeigen, sehen Sie in der Standardeinstellung, unter dem Namen des Freundes, wann er das letzte Mal online war, also WhatsApp geöffnet hatte. Falls Ihr Freund gerade online ist oder Ihnen in diesem Moment eine Nachricht schreibt, sehen Sie auch diese Information *online* bzw. *schreibt*. WhatsApp nennt diese Funktion den *zuletzt online-Zeitstempel*.

Die gleichen Informationen erhalten Ihre Freunde über Sie! Wer sich hier überwacht fühlt, kann die Informationen zum Teil verbergen. Ob der Kontakt gerade online ist, wird allerdings immer angezeigt. Mehr Informationen dazu erhalten Sie in diesem Kapitel.

Wurde meine Nachricht gelesen?

- Falls Ihre Nachricht noch nicht übermittelt werden konnte, erscheint ein Uhrensymbol ❶ (Bild siehe nächste Seite).
- Das erste Häkchen erscheint, sobald die Nachricht versendet wurde.
- Das zweite Häkchen zeigt an, dass Ihre Nachricht zugestellt ist ❷.
- Sobald die Häkchen blau dargestellt sind, wurde Ihre Nachricht vom Empfänger gelesen, d.h. der Freund hat die Nachricht in WhatsApp angezeigt.

Tipp! Wenn Sie die Nachricht auf dem Sperrbildschirm oder in der Bearbeitungsleiste betrachten, wird diese nicht in WhatsApp als gelesen markiert. Gleiches gilt für Popup-Benachrichtigungen.

Nachrichteninfo

Für genauere Informationen zu einer von Ihnen versendeten Nachricht, einem Foto oder anderen Medien, gehen Sie wie folgt vor:

- Markieren Sie die Nachricht / Foto etc. im Chat, indem Sie länger mit dem Finger darauf tippen ❸.

- Eine Bearbeitungsleiste wird am oberen Rand angezeigt. Hier wählen Sie ⓘ aus ❹.

- Um wieder zur Übersicht zurückzukehren, tippen Sie auf den Pfeil ❺ links oben.

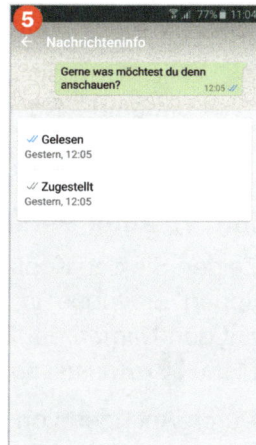

Viel interessanter ist die Nachrichteninfo allerdings im Gruppenchat, da hier Nachrichten erst als zugestellt bzw. gelesen gelten, wenn alle Teilnehmer sie erhalten bzw. gelesen haben. In der Nachrichteninfo können dann Informationen zu einzelnen Personen abgefragt werden. Gleiches gilt auch für den Broadcast. Auch hier erfahren Sie über die Nachrichteninfo, ob die Empfänger die Nachricht bereits gelesen haben.

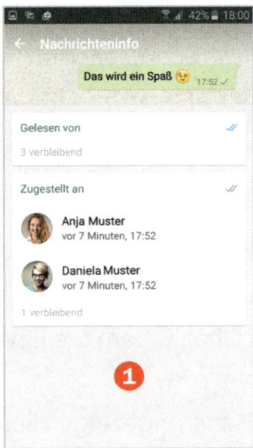 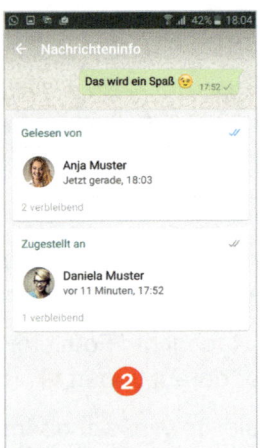 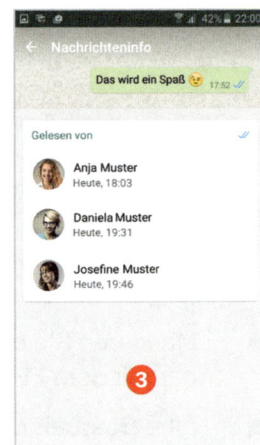

1 An zwei von drei Personen wurde die Nachricht zugestellt.

2 Bis jetzt hat 1 Person die Nachricht gelesen und 1 Person hat die Nachricht immer noch nicht erhalten.

3 Alle Mitglieder des Gruppenchats oder auch eines Broadcasts haben die Nachricht gelesen; jetzt sind auch die Häkchen im Chat blau.

Info zu einer Person anzeigen

Zeigen Sie den Kontakt in WhatsApp an und tippen Sie oben in der Bearbeitungsleiste auf den Namen der Person oder wählen Sie Menü ⋮ ▸ *Kontakt anzeigen* aus.

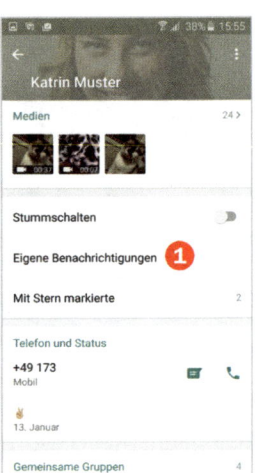

Durch Antippen von *Medien* zeigen Sie alle ausgetauschten Bilder, Videos Links etc. an.

Bei *Mit Stern markierte* erhalten Sie eine Liste aller markierten Nachrichten, Fotos etc.

Mit dem Pfeil links oben gelangen Sie wieder zur vorherigen Ansicht.

Hier können Sie auch gleich eine gemeinsame Gruppe antippen, um diese anzuzeigen.

4.2 Persönliche Einstellungen

Egal ob Sie sich im Bereich *ANRUFE*, *CHATS* oder *KONTAKTE* befinden, das Menü wird überall angezeigt, enthält allerdings unterschiedliche Einträge. *Status* und *Einstellungen* können allerdings in jedem Bereich aufgerufen werden.

Wie Sie das Menü anzeigen, ist vom verwendeten Smartphone abhängig. In der Regel finden Sie das Menüsymbol ⋮ rechts oben in WhatsApp. An anderen Smartphones verwenden Sie zur Anzeige des Menüs eine Taste am unteren Rand des Smartphones.

Profilbild festlegen

Wenn Sie kein Profilbild hinterlegt haben, wird Ihr Kontakt unter Umständen so ❶ im WhatsApp Ihrer Freunde angezeigt. Falls der Freund ein Foto von Ihnen in der App *Kontakte* (Adressbuch) hinterlegt hat, wird dieses auch in WhatsApp verwendet, sofern kein Profilbild existiert. Ein Profilbild hinterlegen Sie über Menü ⋮ ▸ *Einstellungen* und antippen des Bereichs Profil ❷.

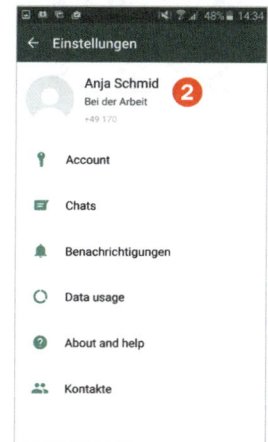

■ Tippen Sie auf ❸ (siehe Grafik oben) und wählen *Galerie* ❹ (Foto schon vorhanden) oder *Kamera*. Nach der Auswahl des Bildes wird ein Rahmen angezeigt, dessen Position und Größe Sie verändern können. Zum Verkleinern bzw. Vergrößern des

Bildes tippen Sie mit dem Finger an den Rand des weißen Rahmens und ziehen nach innen bzw. außen. Wenn Sie mit dem Ergebnis zufrieden sind, tippen Sie auf *OK*.

■ Falls Sie Ihr Profilbild nicht mehr anzeigen möchten, tippen Sie auf Menü ⦂ ▸ *Einstellungen* und dann auf den Profilbereich. Tippen Sie auf Ihr Profilbild ❶, wählen Sie *Bearbeiten* ❷ aus und tippen Sie dann auf *Bild entfernen* ❸. Mit *Galerie* können Sie ein anderes Bild vereinbaren.

■ Tippen Sie auf ❹, um einen Namen einzugeben, der für Ihren WhatsApp-Kontakt angezeigt wird.

Sehen alle mein Profilbild?

Wer Ihr Profilbild sieht, entscheiden Sie über *Menü* ▸ *Einstellungen* ▸ *Account* ▸ *Datenschutz* ▸ *Profilbild*. Tippen Sie auf den Eintrag *Profilbild*. Standardmäßig sieht Ihr Profilbild *Jeder*; wählen Sie hier *Meine Kontakte* aus. Dann sehen alle Personen, die Sie in Ihrem Adressbuch (Kontakte) gespeichert haben, Ihr Bild. Personen, deren Telefonnummer Ihnen nicht so wichtig war, um Sie zu speichern, wird das Bild nicht angezeigt.

Vor allem wird Ihr Bild nicht Personen innerhalb eines Gruppenchats angezeigt, mit denen Sie nicht befreundet sind.

Statusmeldung anzeigen

Der Status ist ein kurzer Text, der im Bereich Kontakte unter dem Namen des Kontakts angezeigt wird. Standardmäßig lautet der Statustext *Hey there! I am using WhatsApp.*

■ Um den eigenen Statustext zu bearbeiten, zeigen Sie das *Menü* ⋮ an und wählen *Status* aus. Entscheiden Sie sich durch Antippen für einen vorhandenen Text ❶ oder tippen Sie auf ✏ ❷, um eigenen Text einzugeben oder ein Emoji auszuwählen.

■ Ihr Statustext wird jedem angezeigt. Sie können die Anzeige des Statustextes auch beschränken auf Kontakte, die Sie auf Ihrem Smartphone gespeichert haben. Öffnen Sie das Menü ⋮, wählen Sie *Einstellungen* ▸ *Account* ▸ *Datenschutz* und tippen Sie *Status* an ❸. Hier wählen Sie *Meine Kontakte* ❹.

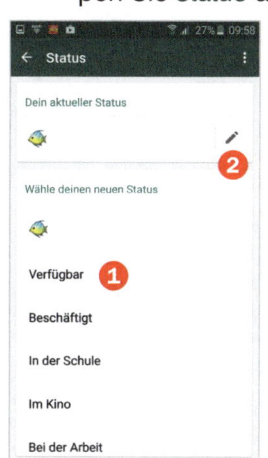  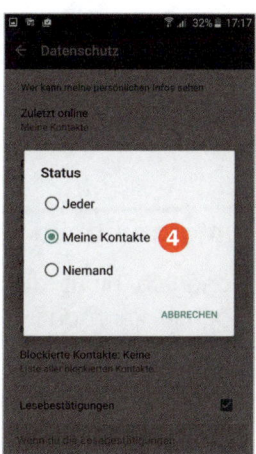

Lesebestätigung und zuletzt online anzeigen

■ Über *Menü* ⋮ ▸ *Einstellungen* ▸ *Account* ▸ *Datenschutz* ▸ *Zuletzt online* legen Sie fest, wer sehen kann, wann Sie das letzte Mal online waren. Tippen Sie das Feld an und wählen *Meine Kontakte* ❶ (siehe nächste Seite) aus. Dann können nur Ihre Freunde, die im Adressbuch gespeichert sind, sehen wann Sie online waren.

- Gleiches gilt für die Lesebestätigungen. Soll Ihr Kontakt nicht erfahren, dass Sie die Nachricht gelesen haben, dann entfernen Sie das Häkchen hinter *Lesebestätigungen* ❷.

- Für beide Einstellungen gilt, werden sie deaktiviert, erhalten Sie auch keine Informationen dieser Art mehr über Ihre Freunde.

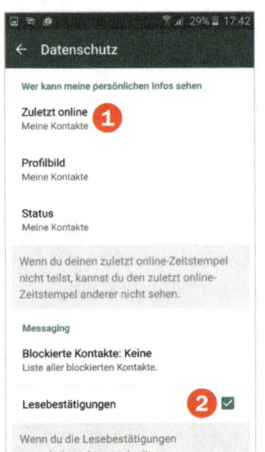

Die Information, dass Sie gerade online ❸ sind, wird allerdings immer angezeigt und kann nicht verborgen werden.

Hintergrundbild ändern

Sicherlich nicht die wichtigste Funktion in WhatsApp, aber wer möchte, kann das Hintergrundbild wechseln. Die Änderung gilt für alle Chats gleichermaßen.

Zeigen Sie einen beliebigen Chat an und wählen Sie im Menü *Hintergrund* aus.

- Mit *Dokumente* ❶ (siehe Bild nächste Seite) wählen Sie aus Ihren Fotos ein Hintergrundbild aus.

- *Standard* bezeichnet das Hintergrundbild, welches bei der Installation von WhatsApp angezeigt wurde.

- Den Hintergrund entfernen Sie mit *Kein Hintergrund*. Dadurch wird eine einfarbige graue Fläche hinterlegt.

- Über die Option *WhatsApp* laden Sie zunächst ein Paket verschiedener Hintergrundbilder herunter. Durch Anklicken von

Ok ❷ werden Sie in den Play Store weitergeleitet. Hier können Sie mit *Installieren* ❸ die *WhatsApp Wallpaper* kostenlos herunterladen.

■ Zeigen Sie dann erneut WhatsApp an. Öffnen Sie einen Chat und wählen Sie im Menü *Hintergrund* aus. Tippen Sie auf *WhatsApp*. Hier kann jetzt einer der installierten Hintergründe ausgewählt werden: Wischen Sie im unteren Bereich ❶ über das Display, um durch die Bilder zu blättern. Durch Antippen ❷ zeigen Sie eine Vergrößerung des Bildes an. Das vergrößerte Bild wird mit *Hintergrundbild auswählen* ❸ als Hintergrund vereinbart.

> Zu bedenken ist sicherlich, dass ein aufwendiges Hintergrundbild nicht unbedingt die Lesbarkeit des Chats erhöht und dass das Seitenverhältnis der zur Verfügung gestellten Grafiken vielleicht nicht zur Auflösung Ihres Smartphone-Displays passt.

Pop-up-Benachrichtigungen

Mit Pop-up-Benachrichtigungen öffnet sich beim Eingang einer Nachricht automatisch ein Fenster mit dem Nachrichtentext. Gleichzeitig erhält man die Möglichkeit, ohne WhatsApp aufzurufen, eine Antwort zu versenden. Beim Lesen einer Pop-up-Benachrichtigung wird die Nachricht beim Absender nicht als gelesen angezeigt. Erst wenn die Nachricht in WhatsApp betrachtet wird, gilt sie als gelesen. Pop-up-Benachrichtigungen sind standardmäßig deaktiviert.

Pop-up-Benachrichtigung aktivieren

■ Über das Menü ⋮ ▸ *Einstellungen* ▸ *Benachrichtigungen* legen Sie fest, ob und wann eine Pop-up-Benachrichtigung angezeigt werden soll.

■ Entscheiden Sie, ob Sie ein Pop-up für eingehende Nachrichten im Chat und / oder im Gruppenchat anzeigen möchten. Für den Chat wählen Sie *Pop-up-Benachrichtigung* im Abschnitt *Benachrichtigungen* ❶, für Gruppenchats wählen Sie *Pop-up-Benachrichtigung* im Abschnitt *Gruppenbenachrichtigungen*.

■ Tippen Sie auf den Eintrag ❷ und wählen Sie einen Modus aus. Mit *Popups immer anzeigen* ❸, erscheint das Fenster immer - auch bei ausgeschaltetem Bildschirm. Auf die Anzeige wird nur verzichtet, wenn Sie zufällig bei Nachrichteneingang gerade WhatsApp geöffnet haben.

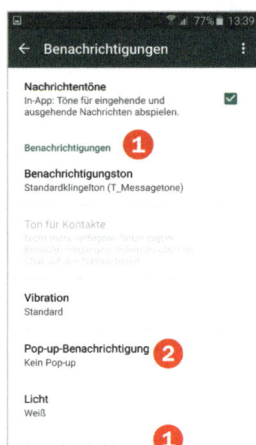
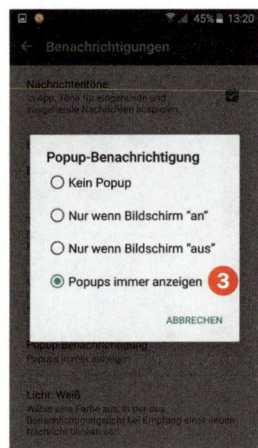

Popups immer anzeigen bzw. *Nur wenn Bildschrim "aus"* belasten natürlich je nach Nachrichtenmenge den Akku. Die Option *Nur wenn Bildschrim "an"* ist vielleicht für diejenigen interessant, die nicht möchten, dass jemand anderer eine Nachricht sieht, während das Smartphone bei einem Treffen mit Freunden auf dem Tisch liegt.

Pop-up-Benachrichtigung verwenden

■ Sie können eine erhaltene Nachricht direkt im Pop-up beantworten. Tippen Sie dazu in das Nachrichtenfeld ❶ und versenden Sie die Nachricht mit ➤.

■ Durch Antippen von *Anzeigen* ❷ wird WhatsApp geöffnet. Falls zum Entsperren des Sperrbildschirms ein Muster, PIN oder Kennwort vereinbart haben, muss dieses eingegeben werden. Mit *Schließen* blenden Sie das Pop-up wieder aus.

■ Haben sich mehrere Nachrichten angesammelt, so wechseln Sie im Pop-up rechts oben zwischen den einzelnen ❸.

Benachrichtigungen individuell vereinbaren

WhatsApp bietet die Möglichkeit den Benachrichtigungston, die Dauer der Vibration und sogar die Farbe der LED-Anzeige, mit der Sie visuell auf den Eingang einer Nachricht hingewiesen werden, einzustellen. Dabei können Sie z. B. Chats und Gruppenchats unterschiedlich einrichten. Es ist aber auch möglich, für spezielle Kontakte oder Gruppen individuelle Einstellungen zu treffen.

Allgemeine Einstellungen festlegen

Zeigen Sie den Bereich *CHAT*, *KONTAKTE* oder *ANRUFE* an. Öffnen Sie das Menü ⫶ und wählen Sie *Einstellungen* ▸ *Benachrichtigungen*. Im Abschnitt *Benachrichtigungen* ❶ treffen Sie eine Auswahl für alle Chats, im Abschnitt *Gruppenbenachrichtigungen* ❷ für alle Gruppenchats und bei *Anrufbenachrichtigungen* legen Sie den Klingelton und die Vibration für Anrufe via WhatsApp fest:

■ Sie können für Chats und Gruppenchats unterschiedliche Benachrichtigungstöne festlegen oder alle Gruppenbenachrichtigungen auf *Stumm* ❸ schalten. Tippen Sie dazu den Eintrag *Benachrichtigungston* ❹ an.

■ Ihr Smartphone muss auch nicht bei jedem Eingang einer Nachricht vibrieren. Das unterbinden Sie durch Antippen von *Vibration* und Auswahl von *Aus* ❺.

 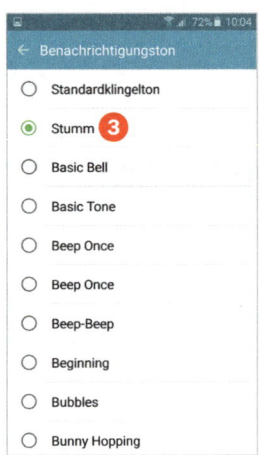 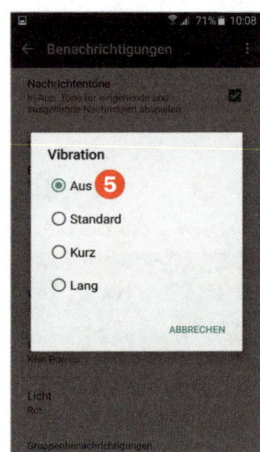

Bestimmten Gruppenchat stumm schalten

Manche Gruppenchats sorgen aufgrund vieler Teilnehmer für einen Benachrichtigungsdauerton. Wen das ständige Gebimmel stört, stellt den entsprechenden Gruppenchat einfach auf lautlos:

Zeigen Sie den Gruppenchat an, öffnen Sie das Menü ⋮ und wählen Sie *Stummschalten* aus. Entscheiden Sie dann, wie lange Sie keinen Signalton mehr bei Nachrichteneingang hören möchten ❶ und bestätigen Sie mit *Ok*.

> *Benachrichtigungen anzeigen*: Entfernen Sie das Häkchen ❷, wenn auch keine Hinweise auf einen Nachrichteneingang auf dem Sperrbildschirm oder in der Benachrichtigungsleiste angezeigt werden sollen. Die Nachricht selbst sehen Sie natürlich nach wie vor im Chat.

Einen stummgeschalteten Gruppenchat erkennen Sie am durchgestrichenen Lautsprechersymbol ❸ im Bereich *CHAT* .

Wenn Sie doch wieder einen Benachrichtigungston hören möchten, wählen Sie Menü ⋮ ▸ *Gruppeninfo* und ziehen den Regler bei *Stummschalten* ❹ nach links auf aus.

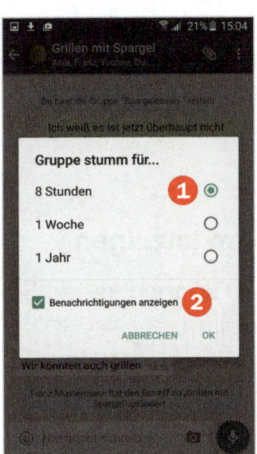  

Gleiches gilt, wenn Sie einen Chat lautlos stellen möchten: Zeigen Sie den Chat an, wählen Sie Menü ⋮ ▸ *Kontakt anzeigen* und ziehen den Regler bei *Stummschalten* nach rechts auf ein.

Besondere Chats auditiv hervorheben

Neben der Möglichkeit den Benachrichtigungston für alle Chats einzustellen, können Sie auch individuelle Einstellungen für einen besonderen Chat oder Gruppenchat treffen.

■ Zeigen Sie den Chat bzw. Gruppenchat an, öffnen Sie das Menü ⁝ und wählen *Kontakt anzeigen* bzw. *Gruppeninfo* aus.

■ Hier tippen Sie auf *Eigene Benachrichtigungen* ❶ und aktivieren diese durch Antippen des Kästchens ❷.

■ Jetzt können Sie einen individuellen Benachrichtigungston einstellen oder eine Pop-up-Benachrichtigung vereinbaren, die nur für diesen Chat angezeigt werden.

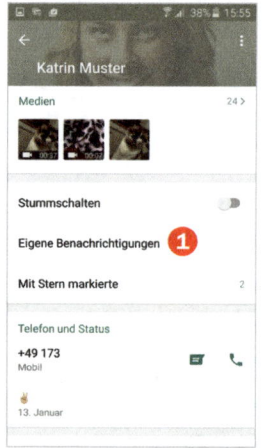 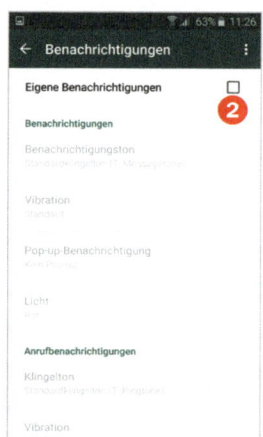 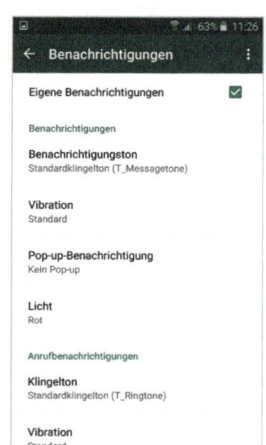

Wichtige Kontakte auf dem Startbildschirm anzeigen

Um einen wichtigen Kontakt schnell anzeigen zu können, legen Sie eine Verknüpfung zu diesem auf den Startbildschirm.

■ Zeigen Sie den Kontakt in WhatsApp an. Öffnen Sie das Menü ⁝, wählen Sie *Mehr* und tippen dann die Option *Verknüpfung hinzufügen* ❶ an.

■ Der Kontakt wird jetzt auf dem Startbildschirm angezeigt. Durch Antippen ❷ öffnen Sie WhatsApp und zeigen den Chat mit dieser Person an.

- Selbstverständlich kann die Verknüpfung zu diesem Kontakt auch wieder gelöscht werden. Tippen Sie den Kontakt auf dem Startbildschirm an, halten diesen gedrückt und ziehen Sie die Verknüpfung auf *Entfernen*.

Auch für Gruppenchats können auf diese Art und Weise Abkürzungen zur Anzeige des Chats auf dem Startbildschirm vereinbart werden.

4.3   Kontakte blockieren

Kontakt blockieren

Kontakte werden Sie in der Regel dann blockieren, wenn Sie Nachrichten von Personen erhalten, die Sie nicht kennen oder ein Freund zu viele Nachrichten, Bilder etc. verschickt. Für die Blockierung ist es unerheblich, ob Sie den Kontakt im Adressbuch gespeichert haben oder nicht.

Nachrichten, Bilder, Videos etc., die die Person ab der Blockierung an Sie versendet, werden nicht mehr angezeigt. Wenn die blockierte Person einen Broadcast mit Ihnen als Empfänger versendet, erhalten Sie diesen ebenfalls nicht. Auch Anrufe erreichen Sie nicht mehr. Einzig und allein in einem Gruppenchat sehen Sie noch Nachrichten der blockierten Person.

■ Zeigen Sie den Chat mit der Person an, die Sie blockieren möchten. Wählen Sie Menü ⋮ ▸ *Mehr* ▸ *Blockieren* aus und bestätigen Sie mit *Ok* ❶.

■ Sendet eine Person, die nicht in Ihrem Adressbuch hinterlegt ist, eine Nachricht, so können Sie diesen Kontakt gleich im Chat blockieren ❷.

Blockierten Kontakt wieder freigeben

■ Öffnen Sie das Menü ⋮ und wählen Sie *Einstellungen* ▸ *Account* ▸ *Datenschutz*.

■ Bei *Blockierte Kontakte* sehen Sie, wie viele Personen Sie blockiert haben. Tippen Sie diesen Bereich an, um eine Liste aller blockierten Kontakte zu erhalten.

■ Tippen Sie auf den Kontakt, dessen Blockierung Sie aufheben möchten und dann nochmals auf die Meldung.

■ Wenn alles funktioniert hat, ist der blockierte Kontakt jetzt nicht mehr in der Liste aufgeführt.

Nachrichten, die während der Blockierung übersandt wurden, erhalten Sie auch nach Freigabe des Kontakts nicht mehr.

Woran erkennen Sie, dass Sie blockiert wurden?

Beachten Sie, dass die aufgeführten Indizien für eine Blockierung auch anders erklärbar sind:

- Im Chat werden Ihre Nachrichten nur noch mit einem Häkchen angezeigt (*versendet*). Das Zweite für *gelesen* erscheint nicht mehr.

- Das Profilbild der Person, die Sie wahrscheinlich blockiert hat, wird nicht mehr angezeigt. Sofern Sie ein Bild sehen, ist dieses in Ihrem Adressbuch hinterlegt.

4.4 Gesucht & Gefunden

Nach Text in einem Chat suchen

Einmal im Nachrichtenfieber können Chats sehr umfangreich werden. Wer da einen bestimmten Eintrag sucht, muss viel blättern und lesen. Deshalb stellt WhatsApp in Chats, Gruppenchats und Broadcasts über das Menü eine Suchfunktion ❶ zur Verfügung. Geben Sie in das Feld den Suchbegriff ein und tippen Sie auf ❷ ⌃ oder ⌄, um die Suche zu starten. Falls der Suchbegriff mehrmals vorkommt, navigieren Sie ebenfalls mit diesen Befehlen zu den einzelnen Treffern. Diese sind zum besseren Auffinden gelb hinterlegt ❸.

Nach Kontakten suchen

In den Bereichen *ANRUFE*, *CHATS* und *KONTAKTE* können Sie Freunde, Gruppenchats oder Broadcasts mit der Suchfunktion finden.

■ Rufen Sie den Bereich auf, in dem Sie suchen möchten, z. B. *CHATS* und tippen Sie auf die Lupe ❶.

■ Geben Sie den Suchbegriff ein ❷. Die Trefferliste wird darunter angezeigt. Durch Antippen wählen Sie das gewünschte Element aus.

■ Im Bereich *CHATS* wird zunächst nach Namen von Personen bzw. Gruppenchats gesucht und diese Treffer aufgelistet. Darunter finden Sie Treffer in den Nachrichten eines Chats.

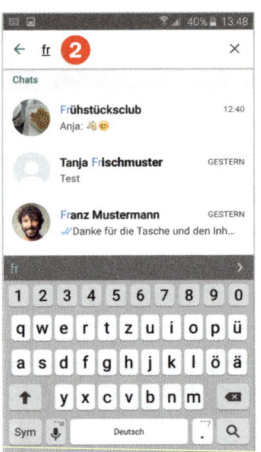

4.5 Informationen weiterleiten und löschen

Elemente löschen

Die Elemente eines Chats, Gruppenchats oder Broadcasts, wie Nachrichten, Bilder, Videos etc. können gelöscht werden:

■ Zeigen Sie den Chat an und tippen Sie das Element, welches gelöscht werden soll, etwas länger an. Die Bearbeitungsleiste wird angezeigt. Tippen Sie hier auf das Papierkorb-Symbol 🗑.

■ Möchten Sie gleich mehrere Elemente löschen, markieren Sie einfach weitere durch Antippen und wählen Sie dann *Papierkorb* aus.

■ Entscheiden Sie, ob das markierte Foto/Video etc. nicht nur aus dem Chat, sondern gleich vom Smartphone gelöscht werden soll durch Aktivieren von *Medien vom Telefon löschen*. Es werden allerdings nur Fotos, Audiodateien oder Videos gelöscht, die Ihnen zugesandt wurden. Dateien, die Sie selbst versandt haben, werden auch bei aktivierter Option nicht vom Speicher des Smartphones gelöscht, sondern eben nur nicht mehr in WhatsApp angezeigt.

Chat-Verlauf leeren

■ Um die Nachrichten eines Chats oder Gruppenchats zu löschen, zeigen Sie den Chat an und tippen auf Menü ⋮ ▸ *Mehr*
▸ *Chat-Verlauf leeren* ❶.

■ Wählen Sie aus, welche Nachrichten gelöscht werden sollen -
alle, älter als 30 Tage oder älter als 6 Monate - und entscheiden
Sie, ob Sie Nachrichten, Bilder etc., die Sie mit Stern markiert
haben ❷, behalten möchten. Tippen Sie dann auf *Leeren*.

 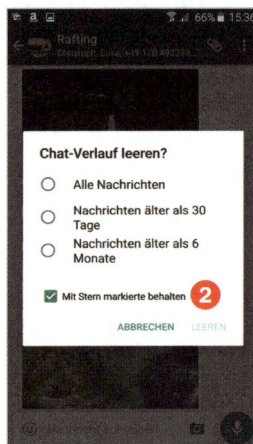

Nachrichten, Bilder, Videos etc. werden aus dem Chat gelöscht. Der
Chat selbst bleibt erhalten. Bilder und Videos sind weiterhin auf Ihrem Smartphone gespeichert.

Elemente weiterleiten

Nachrichten, Fotos etc. eines Chats können an einen anderen Kontakt weitergeleitet werden.

■ Zeigen Sie den Chat an und markieren Sie das gewünschte
Element durch längeres Antippen.

■ Tippen Sie auf der Bearbeitungsleiste den weißen Pfeil an,
wählen Sie den Kontakt aus und bestätigen Sie mit *Ok*.

Chat via E-Mail versenden

■ Zeigen Sie den Chat an, den Sie via E-Mail versenden möchten und wählen Sie Menü ⁞ ▶ *Mehr* ▶ *Chat per E-Mail senden* ❶.

■ Entscheiden Sie, ob Bilder, Videos etc. ebenfalls versendet werden sollen ❷.

■ Wählen Sie ggf. Ihre E-Mail-App aus, geben Sie die E-Mail-Adresse des Empfängers an und tippen Sie auf *Senden* ❸.

Der Empfänger der E-Mail erhält eine Textdatei, die die Nachrichten enthält, dazu Bilder, Audio- oder Videodateien. Alle Dateien finden Sie im Anhang der E-Mail.

 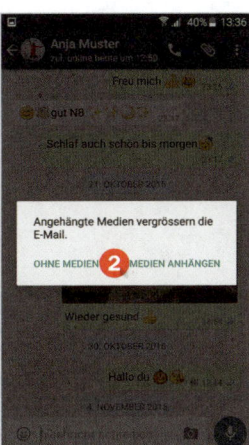 

Elemente mit anderen Anwendungen austauschen

Zugesandte Bilder, Videos etc. können über die Schaltfläche *Teilen* auf Cloud-Speicher, wie z. B. Dropbox oder OneDrive, geladen, als Anhang zu einer E-Mail versendet oder in ein PDF konvertiert werden. Welche Möglichkeiten hier zur Verfügung gestellt werden, ist abhängig von den installierten Anwendungen auf Ihrem Smartphone und den Diensten, die Sie verwenden.

■ Öffnen Sie den Chat und tippen Sie das zu teilende Foto / Video etwas länger an. Die Bearbeitungsleiste wird angezeigt. Hier wählen Sie die Schaltfläche *Teilen* ❶ (Bild nächste Seite) aus.

■ Im unteren Bereich ❷ werden alle zur Verfügung stehenden Möglichkeiten angezeigt. Die Liste erstreckt sich meist über mehrere Seiten. Zum Weiterblättern wischen Sie horizontal über das Display und wählen das Gewünschte durch Antippen aus.

Chat löschen

Zum Löschen eines Chats tippen Sie den betreffenden Chat etwas länger an und wählen *Chat löschen* ❶ und nochmals *Löschen*. Dadurch wird der Chat mit allen darin enthaltenen Nachrichten gelöscht. Der Kontakt bleibt weiterhin erhalten und ein neuer Chat kann durch Antippen im Bereich *KONTAKTE* begonnen werden. Bilder, Audiodateien etc. des gelöschten Chats werden nicht vom Smartphone entfernt.

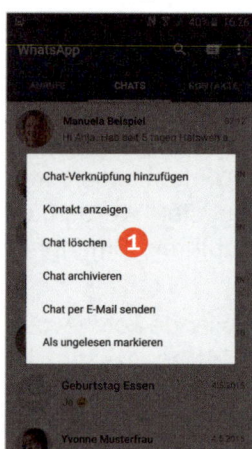  

Chat archivieren

Wenn Sie den Bereich Chats gerne etwas übersichtlicher halten möchten, ohne Chats zu löschen, dann verwenden Sie die Funktion *Chat archivieren*. Damit behalten Sie Ihre Nachrichten.

Tippen Sie in der Übersicht etwas länger auf den Chat, den Sie archivieren möchten und wählen Sie *Chat archivieren*. Der ausgewählte Chat wird jetzt aus der Übersicht in den Bereich *Archivierte Chats* verschoben.

Den Bereich zeigen Sie an, indem Sie im Bereich *Chats* ganz nach unten scrollen und dann auf *Archivierte Chats* ❷ (siehe Bild vorherige Seite unten) tippen. Hier sehen Sie alle archivierten Chats ❸.

Wenn Sie an einen Kontakt, dessen Chat verschoben wurde, eine Nachricht schreiben, wird der Chat wieder in der Übersicht angezeigt und aus dem Bereich *Archivierte Chats* entfernt.

4.6   Datenvolumen schonen

Durch die Verwendung von WhatsApp außerhalb eines WLANs wird das von Ihrem Mobilfunkanbieter zur Verfügung gestellte Datenvolumen verbraucht. In der Regel ist das Versenden von Nachrichten kein Datenvolumenkiller, bei Fotos und Videos kommt es auf die Menge an. 10 versendete Bilder belasten Ihr Datenvolumen vielleicht mit 1 MB. Das sollte noch kein Problem darstellen. Bedenken Sie aber auch, dass Bilder, die Sie erhalten, heruntergeladen werden müssen und ebenfalls das Datenvolumen belasten. Das gilt natürlich auch für Videos, Audiodateien oder Sprachnachrichten. Auch Telefonate über WhatsApp lassen das Datenvolumen schrumpfen.

Versuchen Sie, wann immer möglich, Ihr Smartphone mit einem WLAN zu verbinden und große Datenmengen nur bei bestehender WLAN-Verbindung zu versenden. Welche Entscheidungen Sie hier treffen, hängt natürlich auch davon ab, wie viel Datenvolumen Ihr Mobilfunkvertrag beinhaltet.

Um einen Eindruck zu erhalten, wie daten-intensiv Sie WhatsApp nutzen, rufen Sie das Menü ⁝ auf und wählen *Einstellungen* ▶ *Data usage* ▶ Antippen von *Netzwerk-Nutzung*.

Sie erhalten eine Übersicht Ihrer Nutzungs-daten, z. B. wie viel Datenvolumen ver-braucht wurde, um an Sie gesandte Bilder, Videos oder Audiodateien zu betrachten (*Medien-Bytes empfangen*). Aber Vorsicht, hier sind auch Übertragungen bei bestehen-der WLAN-Verbindung berücksichtigt. Diese reduzieren natürlich das zur Verfügung ste-hende Datenvolumen nicht.

WhatsApp Nutzung messen

Über Menü ⁝ ▶ *Einstellungen* ▶ *Data usage* ▶ Antippen von *Netz-werk-Nutzung* ▶ *Statistik zurücksetzen* ❶ (siehe Grafik nächsten Sei-te) am unteren Ende der Liste, setzen Sie alle Werte auf Null, z.B. am Anfang des Monats, wenn Sie auch mit vollem Datenvolumen star-ten. Oder Sie testen an einem Tag ohne WLAN-Netz stichproben-haft, wie viel Datenvolumen WhatsApp benötigen würde. Generell sind das natürlich nur Richtwerte. Auch in den Einstellungen Ihres Smartphones erhalten Sie Informationen zum Verbrauch einzelner Apps. Rufen Sie dazu in den Smartphone *Einstellungen* die *Daten-nutzung* bzw. den *Datenverbrauch* auf.

Automatische Downloads von Medien verhindern

Text- und Sprachnachrichten werden in WhatsApp immer automa-tisch geladen, egal ob Sie via WLAN oder mobil verbunden sind. Standardmäßig werden auch Bilder, die an Sie gesendet werden, automatisch geladen.

Soll dies nur bei Verbindung mit WLAN geschehen, wählen Sie über das Menü ⁝ ▶ *Einstellungen* ▶ *Data usage* ▶ Bereich *Medien Au-to-Download* und tippen auf *Bei mobiler Datenverbindung* ❷ (siehe Bild nächste Seite). Hier entfernen Sie das Häkchen bei *Bild*.

WhatsApp und Datenroaming

Wenn Sie roamen, d.h. eine Verbindung im Ausland zu einem fremden Mobilfunknetz aufbauen, sollten Sie keine Medien in WhatsApp herunterladen. Deshalb belassen Sie die Einstellungen im Bereich *Beim Roaming* ❸ so, wie Sie sind - also *Keine Medien*.

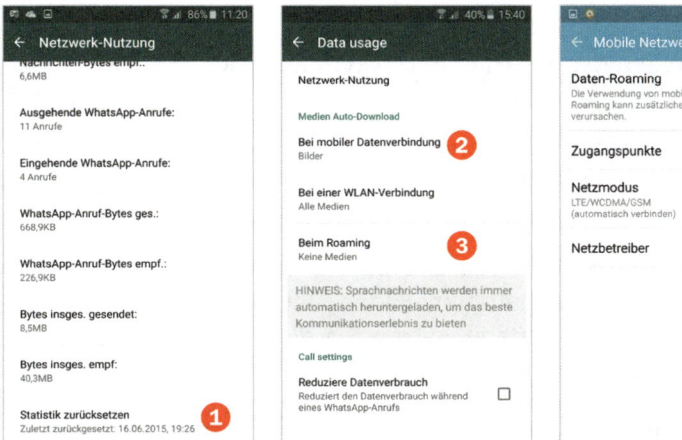
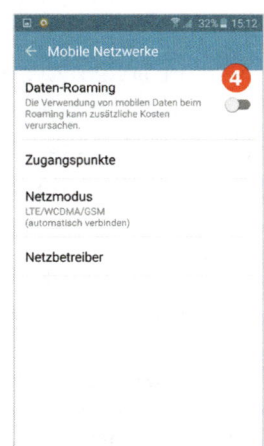

Theoretisch würden Nachrichten jetzt auch im Ausland noch automatisch heruntergeladen werden. Dies wird durch eine Einstellung außerhalb von WhatsApp verhindert: Zeigen Sie die *Einstellungen* Ihres Smartphones an und wählen Sie *Verbindungen* ▶ *Mobile Netzwerke*. Hier ist das *Daten-Roaming* ❹ (siehe Bild oben) nicht aktiv, d. h. wenn Sie sich im Ausland befinden, können Sie nicht mobil ins Internet - also kein Surfen, kein Play Store, keine Navigation und eben auch kein WhatsApp. Davon unberührt bleibt selbstverständlich die Verbindung mit einem ausländischen WLAN-Netz, z. B. im Hotel. Bei bestehender WLAN-Verbindung werden wie gewohnt alle Medien heruntergeladen und in WhatsApp angezeigt.

4.7 Updates installieren

In der Regel werden Updates automatisch installiert. So verwenden Sie WhatsApp immer mit den neuesten Funktionen. Updates können allerdings auch im Play Store angestoßen werden.

■ Starten Sie den Play Store und öffnen Sie das *Menü* durch Anklicken von ≡ (Hamburgersymbol) links oben ❶. Tippen Sie auf *Meine Apps* ❷.

■ Apps, deren Updates noch nicht vollzogen wurden, werden hier ❸ zuerst angezeigt. Alle Apps, für die kürzlich ein Update durchgeführt wurde, finden Sie weiter unten.

■ Tippen Sie auf *Alle Aktualisieren* ❹, um für die angezeigten Apps ein Update herunterzuladen. Soll nur z. B. WhatsApp aktualisiert werden, dann wählen Sie diese aus und tippen dort auf *Aktualisieren*.

> **Achtung!** Wenn Sie alle Apps aktualisieren, sollten Sie mit einem WLAN verbunden sein.

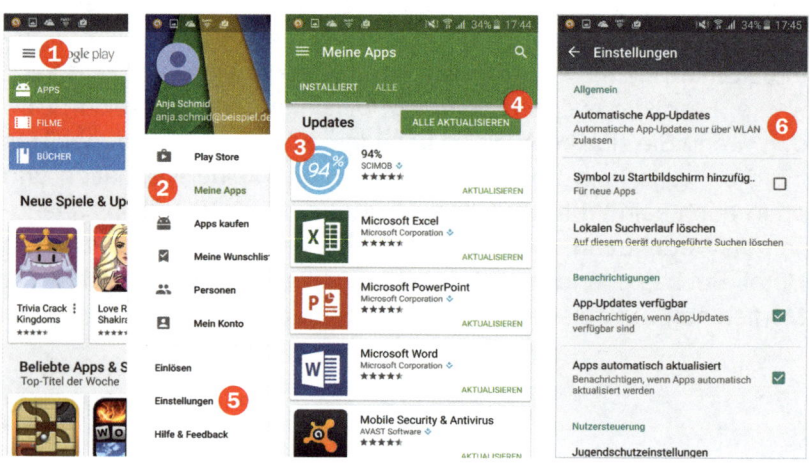

Welche Update-Einstellungen an Ihrem Gerät gelten, finden Sie auch im Play Store.

■ Öffnen Sie das *Menü* durch Anklicken von ≡ (Hamburger-symbol) links oben ❶ (siehe Bilder auf der vorherigen Seite).

■ Wählen Sie *Einstellungen* aus ❺.

■ Im Bereich *Allgemein* bei *Automatische App-Updates* ❻ ent-scheiden Sie durch Antippen, ob automatisch aktualisiert wird oder nicht.

> Auch wenn Sie Automatische App-Updates erlauben, müs-sen Sie der Installation von Apps, deren Berechtigungsumfang durch das Update erweitert wird, gesondert zustimmen.

WhatsApp Version am Smartphone

Um herauszufinden, welche WhatsApp Version Sie aktuell verwen-den, öffnen Sie das Menü ⋮ ▸ *Einstellungen* ▸ *Hilfe* ▸ *Über*.

05

Kapitel

Sichern und Umziehen

5.1 Sicherung erstellen

Nachrichten auf Google Drive sichern

Ab WhatsApp Version 2.12.357 ist es möglich, WhatsApp-Daten optional auch auf Google Drive zu sichern. Google Drive ist ein Cloud-Speicher (Online-Speicher), auf den via Internet Daten übertragen werden können. Mit Ihrem Google-Konto, welches Sie für die Einrichtung Ihres Android-Smartphones bereits angelegt haben, steht Ihnen auch Google Drive zur Verfügung. Da bei Drucklegung dieses Buchs die oben angegebene Version noch nicht im Play Store erhältlich war, ist es möglich, dass minimale Änderungen auftreten können.

Google Drive ist eine praktische Möglichkeit, Ihre WhatsApp-Daten außerhalb Ihres Smartphones zu sichern und bei einem Wechsel der Geräte schnell und einfach zu übertragen. Natürlich speichern Sie Ihre Daten auf einen Server, den Sie letztendlich nicht kontrollieren können. Wenn Sie aus diesem Grund Google Drive nicht verwenden möchten, müssen Sie bei einem Umzug auf ein neues Smartphone den etwas umständlicheren Weg über das automatische Backup (siehe Seite 88) wählen.

Google Drive einrichten

Unter Umständen erfolgt die Aufforderung Google Drive einzurichten automatisch. Allerdings können Sie jederzeit die Einstellungen oder Änderungen selbst vornehmen:

- Öffnen Sie Menü ⋮ ▸ *Einstellungen* ▸ *Chats* ▸ *Chat-Backup*.

- Wählen Sie aus, wie oft ein Backup erstellt werden soll - *Täglich*, *Wöchentlich* etc. ❶. In diesem Turnus werden Ihre Chats dann auf Google Drive gesichert. Das beinhaltet auch, die im Chat versendeten Bilder oder Sprachnachrichten und, wenn vereinbart, auch Videos.

- Bestimmen Sie dann einen Account. Das Benutzerkonto, mit dem Sie bereits an Ihrem Smartphone angemeldet sind, wird Ihnen hier zur Auswahl angeboten ❷. Sie können aber auch einen anderen Account eingeben.

- Im nächsten Schritt müssen Sie den Zugriff und die Übertragung von Daten erlauben. Tippen Sie auf *Allow* ❸.

- Jetzt entscheiden Sie, ob Sie auch Videos sichern möchten und klicken dann auf *Fertig*.

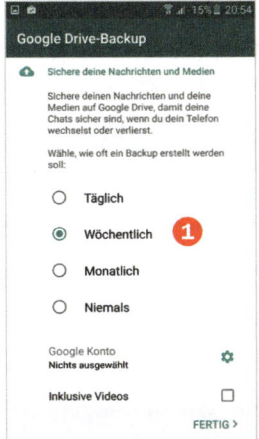 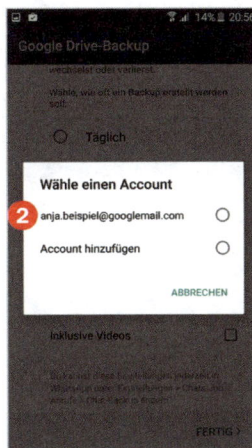 

Google Drive bearbeiten

Um Ihre Einstellungen zu kontrollieren bzw. zu ändern, öffnen Sie erneut Menü ⋮ ▸ *Einstellungen* ▸ *Chats* ▸ *Chat-Backup*.

- Durch Antippen von *Auf Google Drive sichern* kann der Turnus der Datenspeicherung verändert werden.

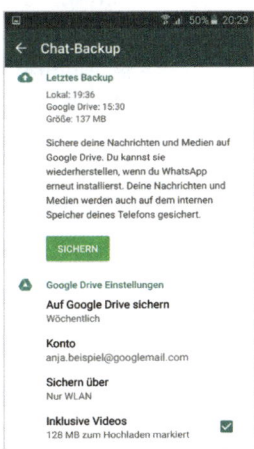

- Achten Sie darauf, dass bei *Sichern über* die Option *Nur WLAN* ausgewählt ist. Damit erfolgt eine Sicherung auf Google Drive nur, wenn sich Ihr Smartphone im WLAN befindet.

- Eine Sicherung außerhalb des Turnus stoßen Sie an, durch Antippen von *Speichern*.

Backup erstellen

Die Sicherung Ihrer Chats wird einmal täglich automatisch vollzogen und auf Ihrem Smartphone gespeichert. Falls Sie selbst, z. B. vor dem Umzug auf ein neues Smartphone eine Sicherung vornehmen möchten, gehen Sie wie folgt vor:

■ Öffnen Sie das Menü ⋮ und wählen Sie *Einstellungen* ▸ *Chats* ❶ ▸ *Chat-Backup* ❷. Hier tippen Sie auf *Sichern* ❸.

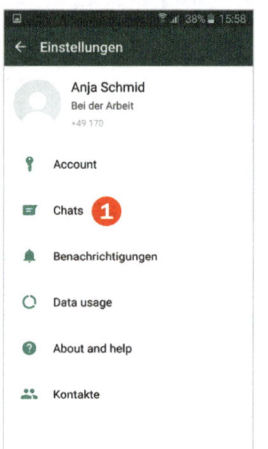 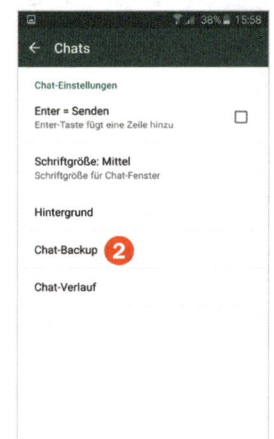 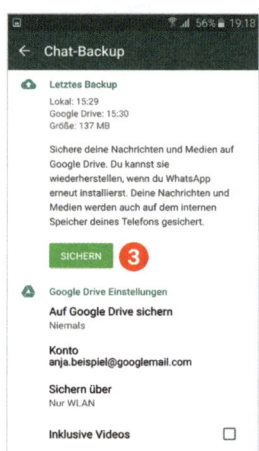

■ Die Sicherung wird in den Ordner *WhatsApp* gespeichert. Diesen finden Sie durch Anklicken von *Eigene Dateien*, *Dateimanager* oder ähnliches und Auswahl von *Gerätespeicher* bzw. *Telefonspeicher*. Öffnen Sie diesen und zeigen Sie dann den Inhalt des Unterordners *Databases* ❹ (siehe Grafiken nächste Seite) an. Hier sind die einzelnen Backup-Dateien ❺ gespeichert. Unter Umständen befindet sich der WhatsApp-Ordner auch auf einer externen Speicherkarte (SD-Memory-Card) ❻. Der WhatsApp-Ordner müssten dann vom Benutzer aktiv dorthin verschoben worden sein.

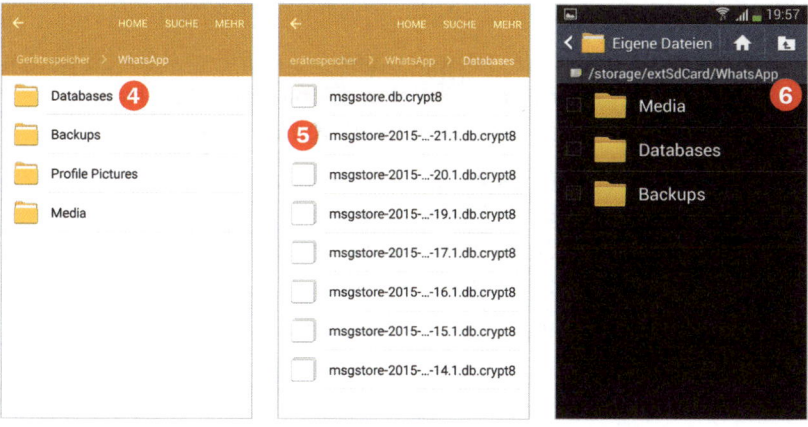

5.2   WhatsApp Umzug auf ein neues Smartphone

Sie haben ein neues Smartphone gekauft und WhatsApp auf Ihrem alten Smartphone schon verwendet. Jetzt möchten Sie sicherlich Bilder, Videos und auch Ihre Nachrichten auf das neue Gerät übertragen. Wie das geht, wird hier gezeigt. Voraussetzungen für die folgenden Vorgehensweisen sind:

■   Das alte und das neue Smartphone verwenden ein Android-Betriebssystem.

■   Das Google-Benutzerkonto, mit dem Sie sich an Ihrem alten Smartphone angemeldet haben und mit dem Sie sich an Ihrem neuen Smartphone anmelden werden, ist dasselbe.

■   Sie behalten Ihre Telefonnummer. Im letzten Abschnitt erfahren Sie, wie Sie vorgehen, wenn Sie Ihre Telefonnummer ändern.

Hier wird nur beschrieben, wie Sie WhatsApp Inhalte vom alten auf das neue Smartphone umziehen. In der Regel werden Sie auch weitere Daten, wie z. B. Fotos, die Sie mit der Kamera geknipst haben, heruntergeladene Musik oder die Kontakte Ihres Adressbuchs auf das neue Smartphone übertragen.

WhatsApp Inhalte via Google Drive übertragen

Für den Umzug Ihrer WhatsApp Daten von einem alten zu einem neuen Android Smartphone ist eine Sicherung aller Nachrichten und Medien über Google Drive einfach und bequem.

- Sofern Google Drive auf Ihrem alten Smartphone eingerichtet ist, öffnen Sie Menü ⫶ ▶ *Einstellungen* ▶ *Chats* ▶ *Chat-Backup* und tippen auf *Sichern*. Dadurch sind jetzt alle WhatsApp Daten auf Google Drive gespeichert.

- Melden sich an Ihrem neuen Smartphone mit demselben Google-Benutzerkonto an, welches Sie auch zur Sicherung der Daten auf Google Drive mit Ihrem alten Gerät verwendet haben.

- Installieren Sie WhatsApp und öffnen Sie die App. Stimmen Sie den allgemeinen Geschäftsbedingung zu. Verifizieren Sie dann Ihre Telefonnummer und warten Sie auf die SMS-Verifizierung. WhatsApp erkennt, dass ein Backup auf Google-Drive existiert. Klicken Sie auf *Wiederherstellen*, um alte Nachrichten und andere Medien wieder in WhatsApp anzuzeigen.

- Tippen Sie dann auf *Weiter* und bestätigen Sie Ihre Profilinfos mit *Weiter*. Beenden Sie den Prozess durch Antippen von *Weiter*.

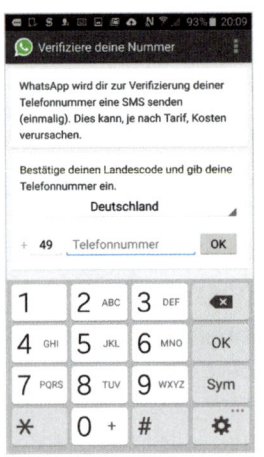
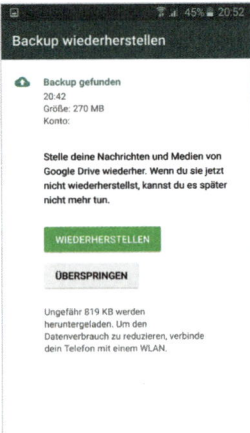

Unter Umständen werden nicht alle Videos übertragen. Diese müssten dann im Zuge des Umzugs Ihrer restlichen Daten manuell kopiert werden.

Nachrichten sichern und manuell übertragen

Wenn Sie nicht mit Google Drive arbeiten möchten, müssen Sie Ihre Daten manuell sichern und übertragen.

- Starten Sie auf Ihrem alten Smartphone WhatsApp und führen Sie ein Backup Ihrer Nachrichten durch, wie auf Seite 88 beschrieben. Die Backup-Datei wird in Ihrem *WhatsApp*-Ordner auf Ihrem alten Smartphone gespeichert.

- Verbinden Sie Ihr altes Smartphone mit dem Computer und kopieren Sie den gesamten WhatsApp Ordner auf Ihren Computer. So haben Sie neben der Backup-Datei auch alle Bilder, Videos etc. aus WhatsApp gesichert. Nachdem die Gerätesoftware des Smartphones am Computer erkannt wurde, ist der Datei-Explorer für viele Smartphone Modelle zum Austausch von Daten ausreichend. Unter Umständen müssen Sie auf den Computer ein bestimmtes Programm des Smartphone-Herstellers installieren.

- Verbinden Sie dann Ihr neues Smartphone mit dem Computer und kopieren Sie den gesicherten WhatsApp Ordner auf Ihren internen Speicher. Die genaue Bezeichnung variiert von Gerät zu Gerät. Möglich sind folgende Benennungen: Gerätespeicher, sdcard, Device Storage etc. Als Hilfestellung betrachten Sie Speicherpfad und andere gespeicherten Ordner auf Ihrem alten Smartphone. Der WhatsApp Ordner sollte in ähnlicher Umgebung auch auf Ihrem neuen Smartphone gespeichert werden.

- Installieren Sie nun WhatsApp über den Play Store auf Ihrem neuen Smartphone.

WhatsApp darf erst geöffnet werden, wenn der WhatsApp Ordner auf das neue Smartphone kopiert wurde.

■ Jetzt können Sie WhatsApp öffnen und den Installationsprozess beenden, wie unter Kapitel 1 beschrieben: Stimmen Sie den allgemeinen Geschäftsbedingung zu. Tragen Sie dann Ihre Telefonnummer ein und warten Sie auf die SMS-Verifizierung. Wenn der kopierte Ordner erkannt wird, meldet WhatsApp, dass ein Backup gefunden wurde. Tippen Sie dann auf *Wiederherstellen*. Die Nachrichten werden wiederhergestellt, was je nach Menge etwas Zeit in Anspruch nehmen kann. Tippen Sie dann auf *Weiter* und bestätigen Sie Ihre Profilinfos mit *Weiter*. Beenden Sie den Prozess durch Antippen von *Weiter*.

■ Es ist möglich, dass in diesem Prozess nicht alle Mediendateien kopiert werden, besonders Videos werden oft nicht kopiert. Sie haben den WhatsApp Ordner dafür immer noch auf Ihrem Computer und können ggf. verlorene Daten nochmals in den passenden Ordner kopieren.

■ Falls eine Laufzeiterweiterung erworben wurde, gilt diese jetzt natürlich auch auf dem neuen Smartphone.

Eine neue Telefonnummer verwenden

In diesem Beispiel nehmen wir nur einen Nummerntausch, keinen Smartphonetausch vor. Das Smartphone können Sie dann, wie oben beschrieben im nächsten Schritt austauschen.

> Vergessen Sie nicht Ihre Freunde zu informieren, dass Sie eine neue Telefonnummer haben. Ihre Freunde sollten in der App Kontakte (Adressbuch) die alte Nummer entfernen und die neue eintragen.

- Legen Sie die neue SIM-Karte in Ihr Smartphone ein.

- Schalten Sie Ihr Smartphone ein. Da Sie das Smartphone nicht getauscht haben, muss das Smartphone jetzt nicht eingerichtet werden.

- Öffnen Sie WhatsApp und wählen Sie Menü ⋮ ▸ *Einstellungen* ▸ *Account* ▸ *Nummer ändern* ❶.

- Tippen Sie auf *Weiter* und geben Sie Ihre alte Telefonnummer ❷ und in das nächste Feld Ihre neue Telefonnummer ein. Tippen Sie dann auf *Fertig*.

- Daraufhin erfolgt die SMS-Verifizierung ❸ und Sie erhalten eine Meldung über die erfolgreiche Änderung Ihrer Telefonnummer.

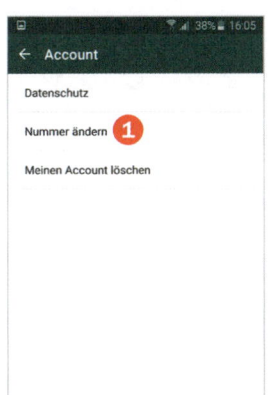  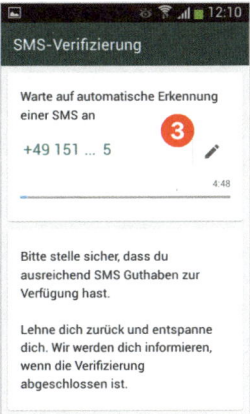

Alle Freunde, die Ihre Telefonnummer noch nicht in der App *Kontak-te* geändert haben, können in diesem "alten Chat" keine Nachrichten mehr an Sie versenden. Im Chat sieht es zwar für den Freund so aus, als wäre die Nachricht versendet worden, sie kommt aber nicht bei Ihnen an.

Der Freund erkennt das daran, dass für Ihren Chat unter Menü ⋮ ▸ *Kontakt anzeigen*, Bereich *Telefon* keine Nummer mehr angezeigt wird ❶.

Nachrichten, die Sie schreiben, kommen natürlich weiterhin an, werden aber nicht im Chat mit Ihrem Namen ❷ angezeigt, sondern als neuer Chat mit Ihrer neuen Telefonnummer ❸. In Gruppenchats wird die Nummer aktualisiert ❹ und alle Nachrichten kommen hier an.

Sobald Ihre Freunde Ihre Nummer geändert haben, wird im Chat mit der aktuellen Telefonnummer Ihr Bild und Name angezeigt.

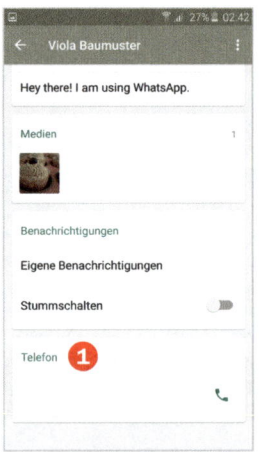
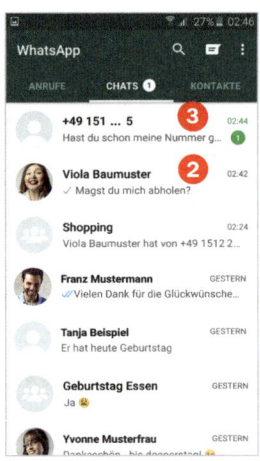
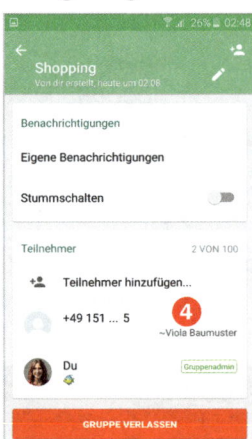

Index